…E DES PROFESSIONS INDUSTRIELLES ET AGRICOLES
Série F. N° 2

GUIDE PRATIQUE

D'ARCHITECTURE NAVALE

A L'USAGE DES

CAPITAINES DE LA MARINE DU COMMERCE

APPELÉS A SURVEILLER

LES CONSTRUCTIONS ET RÉPARATIONS DE LEURS NAVIRES

PAR

Gustave BOUSQUET

Capitaine au long cours, Ingénieur

PARIS

LIBRAIRIE SCIENTIFIQUE, INDUSTRIELLE ET AGRICOLE

EUGÈNE LACROIX, IMPRIMEUR-ÉDITEUR

de la Société des Ingénieurs civils, de celle des anciens élèves des Écoles
des métiers, de celle des Conducteurs des ponts et chaussées, etc. etc.

54, RUE DES SAINTS-PÈRES, 54

Imprimerie à Saint-Nicolas-de-Port (Meurthe)

1869

GUIDE PRATIQUE

D'ARCHITECTURE NAVALE

A L'USAGE DES

CAPITAINES DE LA MARINE DU COMMERCE

APPELÉS A SURVEILLER

LES CONSTRUCTIONS ET RÉPARATIONS DE LEURS NAVIRES

PAR

Gustave BOUSQUET

Capitaine au long cours, Ingénieur

PARIS

LIBRAIRIE SCIENTIFIQUE, INDUSTRIELLE ET AGRICOLE
Eugène LACROIX, Imprimeur-Éditeur
Libraire de la Société des Ingénieurs civils, de celle des anciens élèves des Écoles
d'arts et métiers, de celle des Conducteurs des ponts et chaussées, etc., etc.
54, RUE DES SAINTS-PÈRES, 54
Imprimerie à Saint-Nicolas-de-Port (Meurthe)

1869

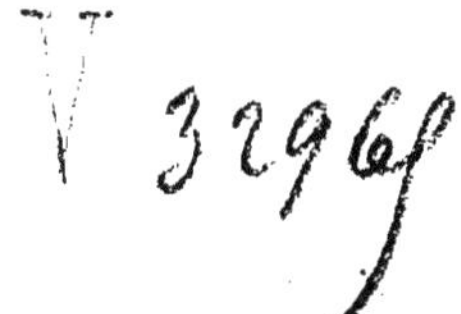

L'auteur et l'éditeur se réservent le droit de traduire ou de faire traduire cet ouvrage en toutes langues. Ils poursuivront conformément à la loi et en vertu des traités internationaux toute contrefaçon ou traduction faite au mépris de leurs droits.

Le dépôt légal de cet ouvrage a été fait à Nancy en temps utile, et toutes les formalités prescrites par les traités sont remplies dans les divers Etats avec lesquels il existe des conventions littéraires.

Tout exemplaire du présent ouvrage qui ne porterait pas, comme ci-dessous, la signature de l'Éditeur, sera réputé contrefait, et les fabricants et débitants de ces exemplaires seront poursuivis conformément à la loi.

Imprimerie Polytechnique de E. LACROIX, à St-Nicolas-de-Port (Meurthe).

PRÉFACE

Notre but, en publiant ce travail, est de nous rendre utile, autant que faire se peut, aux capitaines de la marine du commerce qui sont appelés à suivre les constructions ou les réparations des navires qu'ils commandent.

Les connaissances que doivent posséder les capitaines de la marine marchande sont très-complexes ; ils doivent à la fois être marins et négociants, je pourrais ajouter constructeurs !

Mais il ne faut pas se dissimuler que la construction est un art qui demande de grandes études et une longue pratique : exiger qu'un capitaine connaisse à fond l'architecture navale, ce serait par trop demander, et l'on obtiendrait souvent un résultat tout contraire, c'est-à-dire que pour trop vouloir l'on n'aurait, dans bien des cas, ni un marin, ni un négociant, ni un constructeur.

Devant un pareil état de choses, nous avons pensé qu'un travail élémentaire, simple et correct, qui

permettrait aux capitaines de la marine marchande
de surveiller, avec connaissance de cause, et de
discuter avec les maîtres charpentiers, les constructions ou les réparations de leurs navires, serait un
travail utile.

Notre publication n'a point d'autre but, et nous
serons heureux si le résultat que nous nous sommes
proposé est atteint.

G. B.

TABLE DES MATIÈRES

GUIDE PRATIQUE
D'ARCHITECTURE NAVALE

PREMIÈRE PARTIE

CHAPITRE PREMIER

Des cales.

Le capitaine appelé à surveiller la construction d'un navire doit, avant toute chose, examiner l'endroit où cette construction doit avoir lieu.

L'endroit où le navire repose pendant tout le temps de la construction est un plan incliné nommé *cale*.

Première condition d'une bonne cale.

Il devra bien s'assurer si la *cale* sur laquelle doit reposer le plan du navire, est constamment à sec ;

cet examen devra surtout avoir lieu dans les ports de marée.

Inconvénients résultant d'une cale ne remplissant pas cette condition.

Dans le cas contraire, la *cale* se trouvant immergée à la haute mer, les parties basses de la charpente du navire en construction se trouveraient exposées à des alternatives d'humidité et de sécheresse préjudiciables aux bois ; nous ne faisons aucune exception, quelle que soit leur nature (1). Ces bois, il est vrai, se conservent très-bien dans l'eau, mais ils pourrissent lorsqu'ils sont exposés à des alternatives de mouille et sèche.

Au Ferrol (Espagne), nous avons été témoin des grands inconvénients résultant du peu de hauteur des cales.

Des observations furent faites par nous au constructeur chargé du chantier, qui nous répondit n'avoir rien à craindre, les bois étant en pin du pays ; erreur profonde qui l'obligea avant l'entière construction de changer plusieurs pièces importantes de la basse charpente.

(1) Orméau et pin d'Espagne.

Des pentes des cales.

Le lancement d'un navire est une opération très-délicate ; il arrive bien souvent que le navire arrêté dans sa course, se couche et ne parvient à être mis à la mer qu'après de grands efforts et bien souvent *avec un arc*, qui est un commencement de déliaison.

Pour éviter des résultats aussi funestes, l'on devra s'assurer de la pente de la cale, pente calculée pour les petits navires de 1/11 à 1/10, pour les grands navires elle va à 1/12. Ces dernières offrent un certain avantage sous le rapport de l'économie, en ce sens qu'elles demandent des avant-cales de peu de longueur, et, par conséquent, peu coûteuses, aussi tout constructeur devrait-t-il s'empresser de faire acquisition de terrains offrant cette pente pour y établir un chantier.

Des avant-cales.

Les avant-cales devront aussi être travaillées avec soin. Lorsque la nature du fond l'exigera, l'on devra creuser de manière que le fond de la mer ait une pente égale au moins à l'inclinaison de la cale presque à l'endroit où l'étambot commence à se relever.

En un mot, l'avant-cale n'est autre chose que la cale prolongée au-dessous de l'eau d'une quantité plus ou moins étendue, il sera donc facile à la personne chargée de la construction de s'assurer par des sondages bien combinés de l'état du fond, et voir enfin si l'avant-cale ne sera pas de nature à nuire au lancement.

Largeur des cales.

La largeur des cales, en vue de l'établissement des apparaux nécessaires pour le lancement, ne doit pas être inférieure au tiers du *maître-bau*.

Conditions indispensables pour obtenir une bonne cale.

Les cales sont destinées à supporter pendant un temps plus ou moins long tout le poids de la charpente, quelquefois ce poids est supporté à la fois et par la cale et par les accores.

Mais le plus souvent, tout ce poids repose sur la cale, aussi est-il de toute nécessité de recourir à un terrain n'étant susceptible d'aucun affaissement, car le poids à supporter variant dans le cours de la construction, il pourrait s'ensuivre une déclivité de la cale, et le navire, dans ce cas pourrait même avant le lancement avoir un commencement d'arqure.

Les cales qui nous paraissent remplir les meilleures conditions, sont celles qui, en outre de la pente voulue, sont construites en maçonnerie et fondées sur pilotis.

Des cales couvertes.

Les grands chantiers emploient actuellement des cales couvertes, elles sont utiles principalement dans les pays où le climat est humide ; dans ce cas, le navire est entièrement préservé de cette humidité, qui pourrait avant la fin d'une construction, donner un commencement de pourriture.

Il est essentiel que la toiture de ces cales soit assez élevée pour surmonter le pont. Ces cales sont surtout utiles lorsque la construction peut durer longtemps.

Après que la pente de la cale a été vérifiée avec soin, ainsi que la nature du terrain et l'état de l'avant-cale, l'on s'occupe de mettre en place les tains sur lesquels doit reposer la quille.

On appelle *tains* des morceaux de bois superposés formant billauts et reliés entre eux par des bandes de fer.

La hauteur des tains doit être assez grande pour

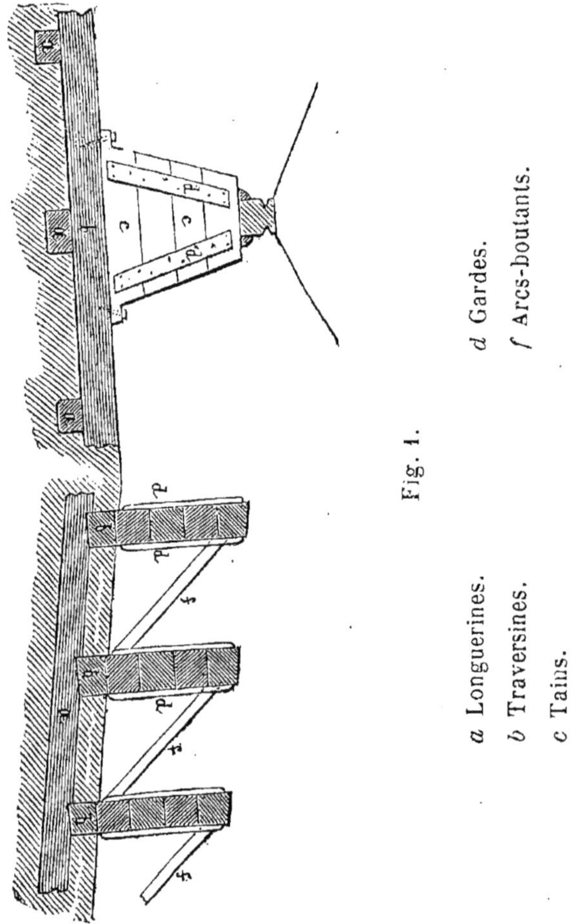

que la couture du gabord, c'est-à-dire la couture

formée par la quille et le premier bordage, soit élevée de 1m,20 à 1m,30 au-dessus de la surface supérieure de la cale ; cette hauteur est nécessaire pour le calfatage et le chevillage des petits fonds.

Les tains doivent être dirigés verticalement et ajustés par des plans horizontaux réservés sur les traverses.

Bois employés pour la confection des tains.

Les tains sont en général pris dans les bois de déchet que l'on trouve toujours dans les grands chantiers, mais l'on doit veiller malgré cela, à ce que les bois soient secs et de bonne essence, sinon ils pourraient pourrir pendant la construction, et alors le navire n'étant plus soutenu, il s'ensuivrait des déformations plus ou moins sensibles.

Ce que l'on dit pour les tains est aussi applicable aux traverses de la cale. Les bois affectés à cet effet doivent être exempts de vices et ne présentant aucun indice de pourriture.

CHAPITRE II.

Ce que l'on entend par le droit et le tour d'une pièce.

Avant d'aller plus loin, nous devons donner l'explication de deux expressions qui reviendront souvent dans le cours de cet ouvrage.

On appelle le *droit* d'une pièce, la partie prise sur la hauteur d'une pièce de bois.

Le *tour* est la partie prise sur la largeur.

Ce que l'on entend par écarts. Leurs diverses formes.

On nomme écart la surface suivant laquelle s'opère la jonction de deux pièces de bois qui doivent se prolonger en totalité ou en partie.

Écart simple.

L'écart simple réunit deux pièces de bois se suivant exactement, lorsqu'elles sont appliquées sur une surface à peu près régulière.

Fig. 2.

Cet écart donnant une grande économie de temps et de bois, devra être employé partout où on pourra le faire sans nuire à la solidité de la construction; on l'emploie pour le bordé des ponts et le bordé de la carène, la succession des bordages ainsi ajustés bout à bout s'appelle virure.

Écart à sifflet.

L'écart à sifflet se forme en coupant en biseaux

Fig. 3.

les deux pièces de bois que l'on veut réunir.

Écart à empature.

L'écart à empature se forme en portant Aa et Bb

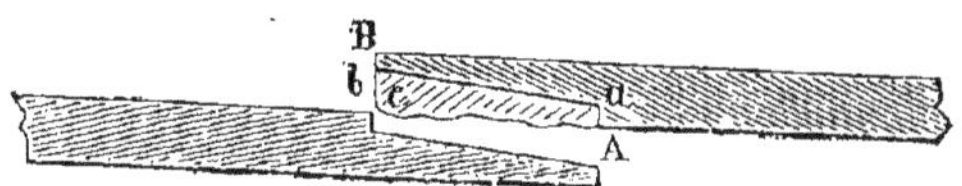

Fig. 4.

égales au 1/3 de la hauteur de la pièce, on joint ab et on enlève sur chaque pièce des bois les sections Aa, Bc, les pièces sont ensuite superposées et chevillées ensemble.

Écart à mi-bois.

L'écart à mi-bois se fait comme le précédent,

Fig. 5.

seulement la surface de jonction est parallèle aux sur

faces supérieures et inférieures des pièces à joindre. Chacune de ces pièces est dégrossie de la moitié de son épaisseur pour former l'écart.

Écart à crochet.

Pour former l'écart à crochet, on commence par tracer un écart à empature sur chacune des pièces de bois à assembler ; on prend ensuite le milieu de ab, et au point o on élève une perpenticulaire à

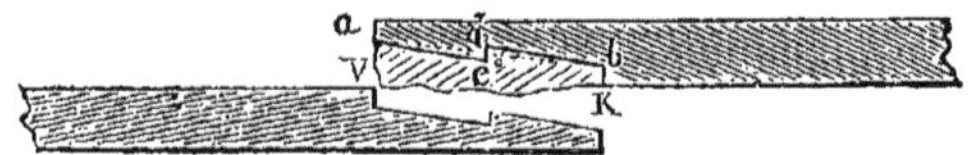

Fig. 6.

cette ligne, on portera sur cette perpenticulaire au-dessus et au-dessous du point o une largeur de quelques centimètres od, oc, on joint bd et ac et on enlève la section $acdbk$, on fait le même tracé sur la deuxième pièce et on les ajuste.

Entailles.

Lorsque deux pièces de bois que l'on veut unir sont obliques l'une par rapport à l'autre, la jonction se fait au moyen d'entailles.

Les entailles sont des vides à dimensions géométriques pratiqués dans une pièce de charpente et destinés à recevoir des saillies de même forme pratiquées dans l'autre pièce. Nous citerons : 1° la mortaise ; 2° l'entaille à queue d'aronde ; 3° l'entaille à sifflet ; 4° l'entaille à geule de loup ; 5° l'entaille à margouillet.

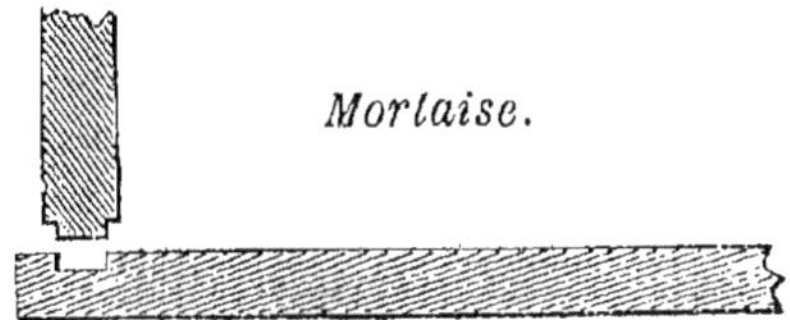

Mortaise.

Entaille à queue d'aronde.

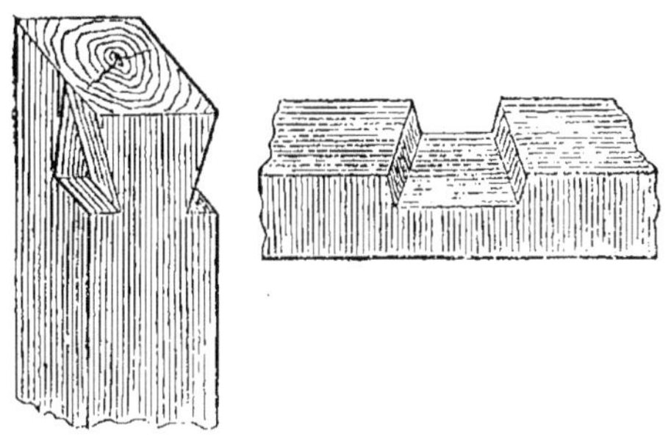

Entaille à sifflet.

Entaille à gueule de loup.

Entaille à margouillet.

Fig. 7.

La forme de ces entailles indique les cas où l'on
doit les employer ; ainsi, il est évident que l'entaille
à queue d'aronde a pour but de résister à l'arrache-
ment ; la mortaise d'assujétir dans des positions inva-
riables l'une par rapport à l'autre, deux pièces de
bois n'ayant point à subir d'effort agissant dans le
sens de l'entaille. La saillie qui s'engage dans la
mortaise s'appelle tenon.

Mode d'assemblage de deux pièces.

Les écarts sont ordinairement à clef ou à crochet,
mais ce dernier mode tend à disparaître, car, dans
ce cas, l'efficacité de ces assemblages repose unique-
ment sur la précision de la coupe des pièces en con-

tact, et ils finissent par perdre toute leur valeur lorsque le retrait des bois se fait sentir.

L'on emploie avec avantage, dans l'assemblage des pièces, des *dés* ou tampons cylindriques en bois de chêne parfaitement sec ou d'acacia, ils sont incrustés moitié par moitié dans les pièces que l'on veut réunir et s'interposent au passage des chevilles.

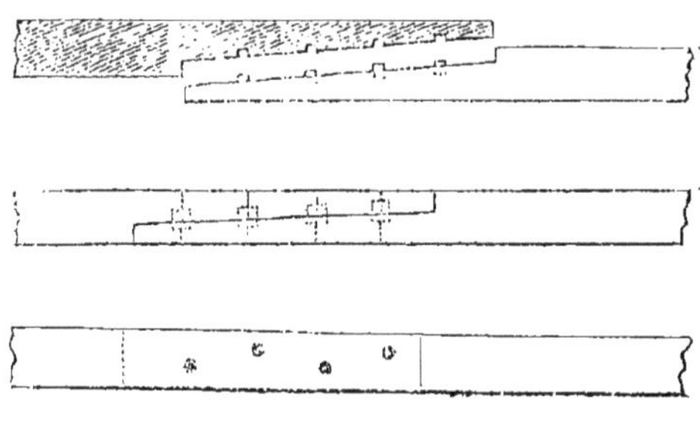

Fig. 8.

Ce système d'assemblage, qui est simple, ne peut influer en rien sur le coût d'une construction, il peut être employé pour toutes les pièces de la charpente, et nous paraît devoir offrir de grandes chances de solidité dans les efforts de traction longitudinale.

Quille.

La *quille* est la première pièce de la charpente mise en place, elle se compose, dans le sens de la longueur, de pièces réunies entre elles par écarts longs pratiqués sur le *tour*.

Les écarts ne doivent pas avoir moins de 1^m,50 à 2 mètres, ils ne devront pas se trouver sous les mâts, ni en même temps correspondre aux écarts de la carlingue.

Nombre de pièces devant, suivant le tonnage, composer la quille.

La *quille*, non compris la partie du *brion*, se composera de deux pièces pour les navires au-dessous de 300 tonneaux, de trois pièces pour ceux de 300 à 600 tonneaux, et de quatre pièces pour ceux d'un tonnage plus élevé.

L'ormeau est un bois assez employé pour la quille, il se conserve bien dans l'eau, facile à travailler et donnant de belles longueurs assez régulières.

La *quille* est garnie à sa face inférieure d'une pièce appelée fausse quille, destinée à préserver la quille dans un cas d'échouage.

Fausse-quille. — Son épaisseur.

L'épaisseur de la fausse-quille est ordinairement égale à celle du bordé de la carène, elle est fixée

simplement par des clous, afin que dans un cas d'é-
chouage, elle cède aux chocs qu'elle peut éprouver
sans entraîner avec elle la quille.

Malgré la fausse-quille, il est bon de recouvrir
d'une feuille de cuivre la face inférieure de la quille
pour la préserver de la piqûre.

De l'étrave.

L'*étrave* est la clef de liaison de la partie avant,
elle est construite d'après le gabarit relevé à la salle
et sur lequel sont marqués ses contours tant intérieurs qu'extérieurs. L'*étrave* comme la *quille* est
composée dans le sens de la longueur de plusieurs
pièces assemblées comme celles de la quille à l'aide
d'écarts longs ne devant pas avoir moins de 1^m,50.

L'*étrave* devra être en bois dur, elle sera renforcée par une *contre-étrave* de même dimension que
l'étrave ; composée de plusieurs pièces assemblées
au moyen d'écarts longs qui devront autant que possible correspondre au milieu des pièces de l'étrave
afin d'obtenir un bon croisement.

Si le navire doit être doublé en cuivre, les écarts
de l'étrave et de la contre-étrave seront chevillés
individuellement avec chevilles en cuivre et tam-

a   Quille.
b   Fausse-quille.
c   Contre-quille,
d   Étrave.
e   Brion.
f   Contre-étrave.
g   Taille-mer.
h   Carlingue.
j   Marsouin.
STEIN

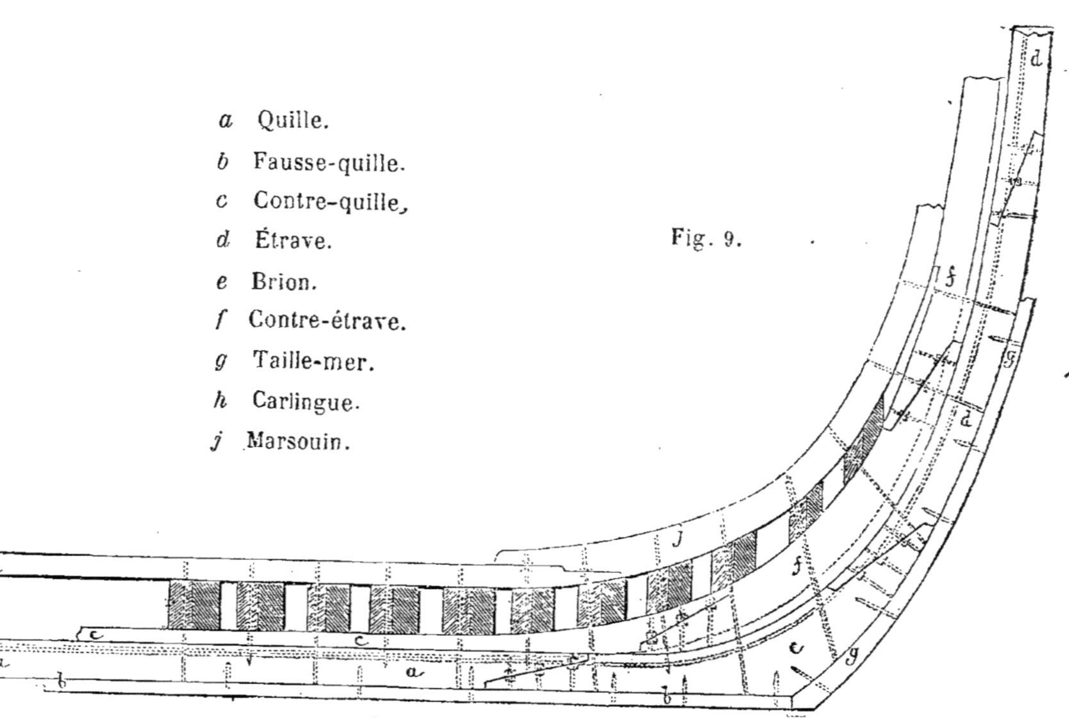

Fig. 9.

pons en bois, dans toute la partie située au-dessous de la flottaison, et avec des chevilles en fer dans la partie supérieure.

Sur chantier, l'étrave et la contre-étrave sont réunies par des chevilles provisoires en fer qui sont remplacées lorsque la construction est terminée par des chevilles en cuivre.

Pour deux motifs, la partie au-dessous de la flottaison devra être chevillée en cuivre :

1° A cause du doublage qui pourrait, dans le cas où les chevilles seraient en fer, les détruire dans un espace de temps rapproché ; 2° à cause de l'humidité qui peut s'infiltrer dans le trou percé pour recevoir la cheville et qui finirait par l'oxyder.

Nombre de pièces devant former l'étrave

L'*étrave* sera pour des navires ordinaires, d'une seule pièce, ou avec un bout de pièce écarvée au-dessus de la flottaison.

Si dans le chantier l'on a des pièces de bois le permettant, le raccordement de l'*étrave* et de la *quille* s'opère au moyen d'une pièce courbe appelée *brion* dont la partie rectiligne vient se joindre à la quille, et l'autre partie formant un angle plus ou moins prononcé vient se joindre à l'étrave, les deux extrémités sont reliées à l'étrave et à la quille par écarts d'au moins 1ᵐ,50 et suivant le système des dés d'assemblage.

Cette pièce est croisée par la *contre-étrave*.

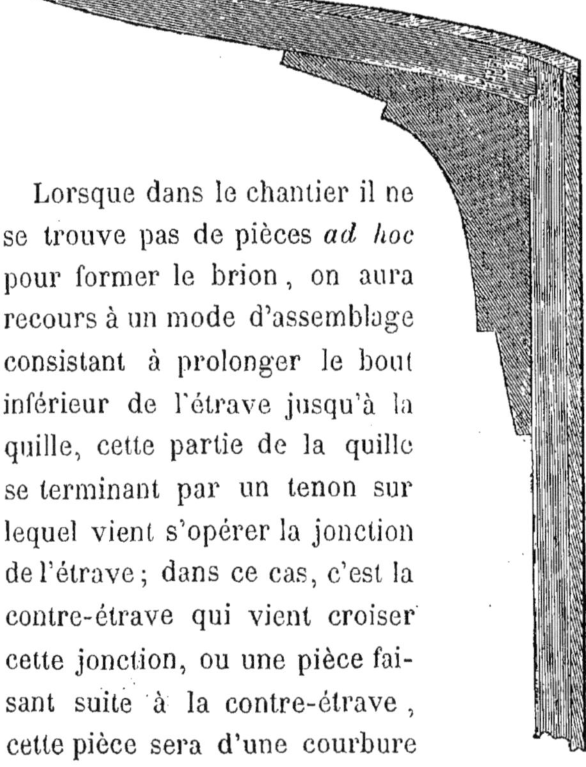

Fig. 10.

Lorsque dans le chantier il ne se trouve pas de pièces *ad hoc* pour former le brion, on aura recours à un mode d'assemblage consistant à prolonger le bout inférieur de l'étrave jusqu'à la quille, cette partie de la quille se terminant par un tenon sur lequel vient s'opérer la jonction de l'étrave; dans ce cas, c'est la contre-étrave qui vient croiser cette jonction, ou une pièce faisant suite à la contre-étrave, cette pièce sera d'une courbure moindre que celle du *brion*. (Ce système est communément appelé mettre le *brion* en dedans.) Ces pièces sont moins rares que les brions, mais elle offrent moins de solidité.

L'étrave et la contre-étrave sont travaillées et

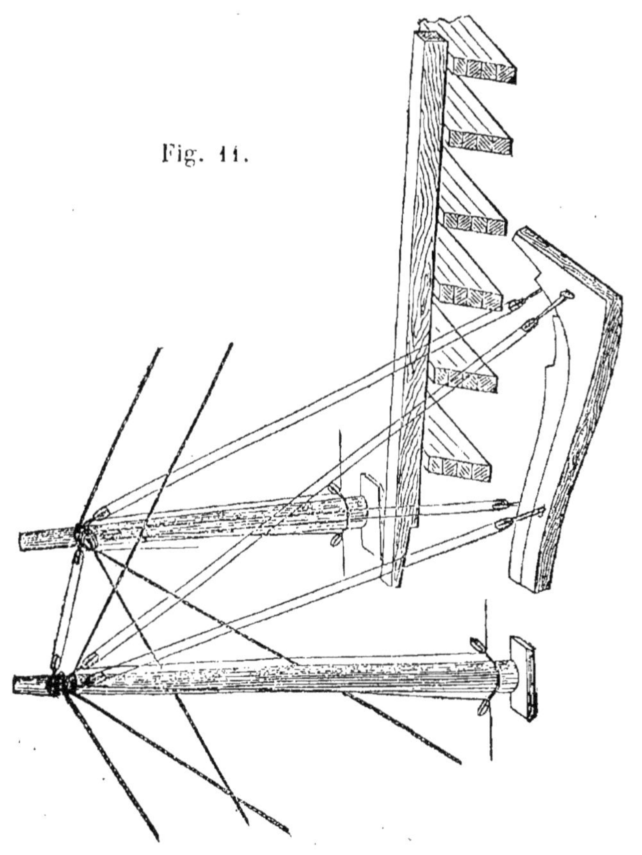

Fig. 11.

assemblées à terre, ainsi que les apôtres. Toute cette charpente est enlevée par de forts apparaux et suspendue de manière que l'extrémité de l'étrave corresponde à celle de la quille, et que son plan soit autant que possible à la position voulue.

Taille-mer. Ce que l'on entend par taille-mer.

L'étrave est garnie extérieurement d'une pièce nommée taille-mer, qui est à l'étrave ce que la fausse quille est à la quille, elle ne joue qu'un rôle secondaire et ne doit être tenue que par des clous.

CHAPITRE III.

Étambot.

L'étambot est la clef de liaison de la partie arrière, il doit être d'une seul pièce et relié à la quille par une courbe connue sous le nom de courbe d'étambot ; ses deux branches sont à peu près à angle droit, la branche verticale doit remonter jusqu'aux 2/5 de la hauteur de l'étambot ; la branche horizontale, c'est-à-dire celle appliquée sur la quille, doit être prolongée au moins jusqu'au pied de l'estain.

Pour obtenir plus de solidité, on pourra recouvrir

la branche horizontale d'un massif qui contribuera
à diminuer le talon des coup'es.

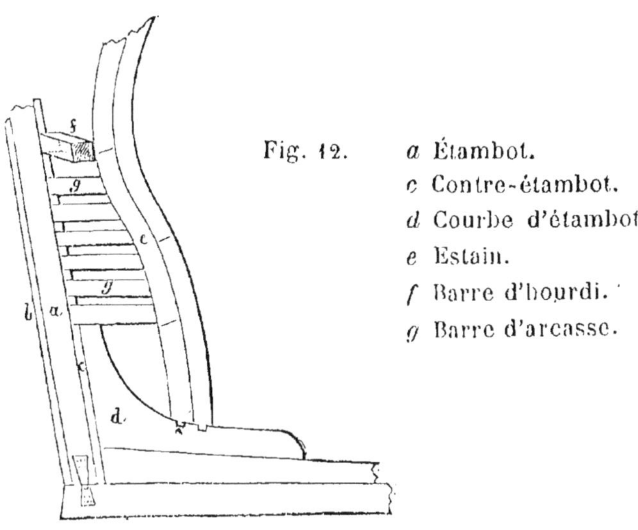

Fig. 12.   *a* Étambot.
               c Contre-étambot.
               d Courbe d'étambot.
               e Estain.
               ƒ Barre d'hourdi.
               g Barre d'arcasse.

Cette courbe, dite d'étambot, solidement chevillée
avec l'étambot et la quille, procure une très-bonne
solidité.

Mais il est rare de trouver des bois assez ouverts
et dont les branches soient d'une longueur différente ;
dans ce cas, l'on pourra employer deux pièces
courbes, deux genoux, par exemple, reliés entre
eux par un écart long pratiqué sur le tour, mais ce
mode ne devra être employé qu'à défaut de courbes
naturelles.

Il pourra encore être employé un autre système, se composant d'un massif au moyen de pièces superposées ; dans ce système, la longueur de la branche

Vs Cheville.
ll Cheville.
ab Étambot.
bd Quille.
IK Courbe d'étambot.
OT Massif.
QR Massif.

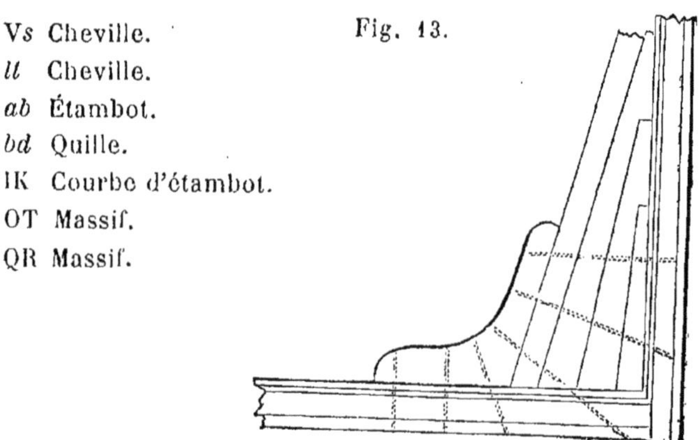

Fig. 13.

verticale de la courbe est notablement réduite, l'angle est plus ouvert et l'on peut se la procurer très-facilement.

Dans le massif, les pièces superposées doivent être solidement chevillées et réunies entre elles par des tampons cylindriques incrustés dans les faces de joint.

On obtiendra une plus grande solidité, en prolongeant les couples jusqu'à la quille, car ils viendront croiser à angle droit les bordages avec lesquels ils sont chevillés.

Arcasse.

L'arcasse est construite et assemblée séparément de la même manière que le navire lui-même.

Barre d'hourdi.

Quant à la barre d'hourdi, cette pièce se trouvant quelquefois à double courbure, elle ne peut être travaillée par les procédés ordinaires ; les surfaces

Vue horizontale de la barre d'hourdi. (Fig. 14).

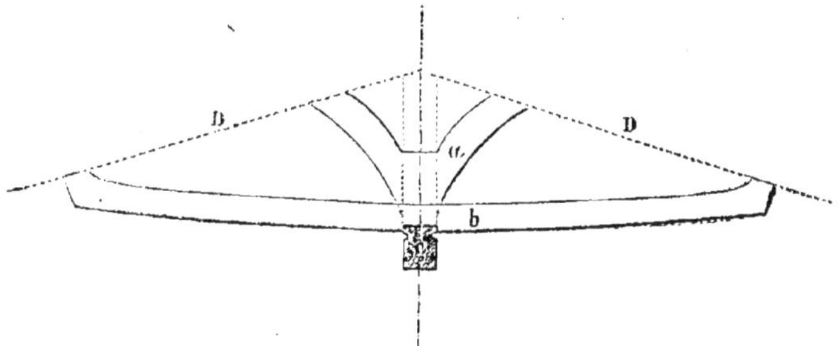

a Barre d'arcasse.
b Barre d'hourdi.
c Étambot.
D Face arrière de l'estain.

cylindriques sont travaillées au moyen de bouges horizontaux et verticaux ; mais il est à remarquer que si la surface extérieure de la barre conservait la forme cylindrique dans toute son étendue, elle n'aurait de contact avec l'estain que par un point il est nécessaire pour obtenir une étendue suffisante pour le chevillage, de rapporter un taquet présentant une surface plane susceptible de s'appliquer sur l'estain.

La barre d'hourdi devra recevoir deux chevilles en sautoir sur l'étambot rivées en dehors.

CHAPITRE IV.

Confection des couples de levée.

Les bois de marine sont répartis en diverses classes, désignés sous les noms spéciaux de varangues, genoux et allonges.

Les couples sont formés de deux plans de bois, décomposés eux-mêmes en un certain nombre de pièces. On appelle premier plan des couples celui qui est tourné vers le maître, et deuxième celui qui lui est opposé, d'où il s'ensuit que les plans de l'arrière feront face à l'avant, et ceux de l'avant feront face à l'arrière.

Il existe deux manières de faire la décomposition de chaque plan de bois du couple.

La méthode ancienne et la méthode nouvelle.

Nous allons d'abord nous occuper de la méthode ancienne ; d'après cette méthode, la base du premier plan est formée par une pièce *abc* nommée la varangue, dont la longueur prise à l'intérieur ne doit pas être moindre que la demi-largeur du navire.

A la suite de la varangue et dans le même plan, viennent se fixer successivement et de chaque bord,

Fig. 15.

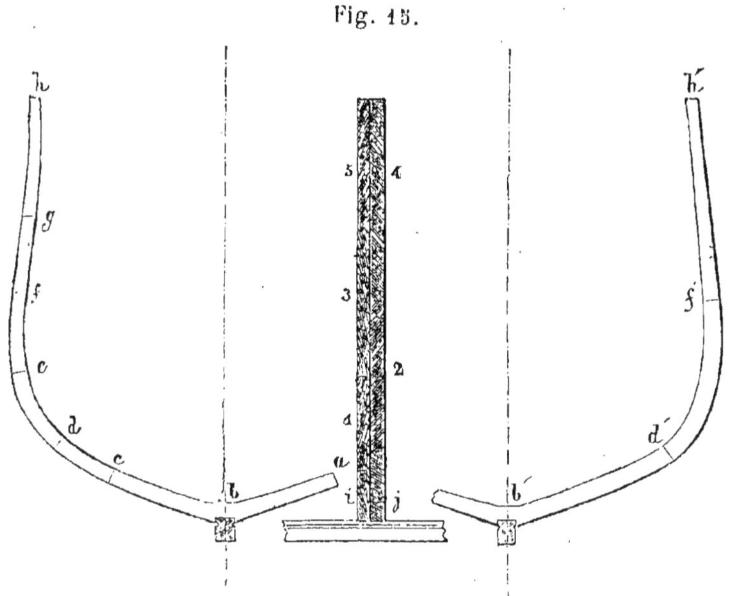

cg première allonge, *ce* une troisième allonge. *eg* une cinquième, en un mot toutes les allonges de rang impair.

Le deuxième plan est composé de chaque bord d'une première pièce *bd* nommée genou, s'étendant depuis le plan diamétral jusqu'à milieu de la première allonge, viennent ensuite les deuxième et quatrième . . . . allonges, ou en général les allonges de rang pair.

En employant ce système, il est quelquefois difficile de trouver dans les chantiers des bois dont la courbe et la longueur soient suffisantes pour les varangues et genoux ; à cet effet, on arrête leur extrémité inférieure à une certaine distance du plan diamétral, tout en conservant leur sommet à la position habituelle, c'est-à-dire au milieu de la première allonge.

Ce que l'on entend par varangues plates et varangues acculées.

Il existe deux espèces de varangues : les varangues plates et les varangues acculées. Les varangues plates

Fig. 16.

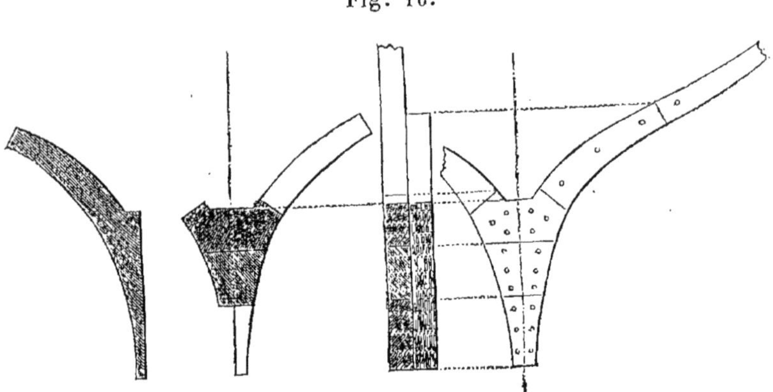

sont celles qui constituent la maîtresse partie, mais

à mesure que l'on s'éloigne de cette maîtresse partie, la courbure des pièces est plus prononcée, les varangues de cette espèce s'appellent varangues acculées. Aux extrémités d'un navire, les varangues acculées ressemblent à des fourches ; comme il est difficile de se procurer des pièces naturelles pour de semblables varangues, on les remplace par des varangues d'assemblage composées de deux branches distinctes, réunies suivant une face plane dans l'axe du navire reliée transversalement par un billot ou oreilles situées sur le deuxième plan.

Varangues sans billot.

Dans quelques chantiers, on fait emploi des varan-

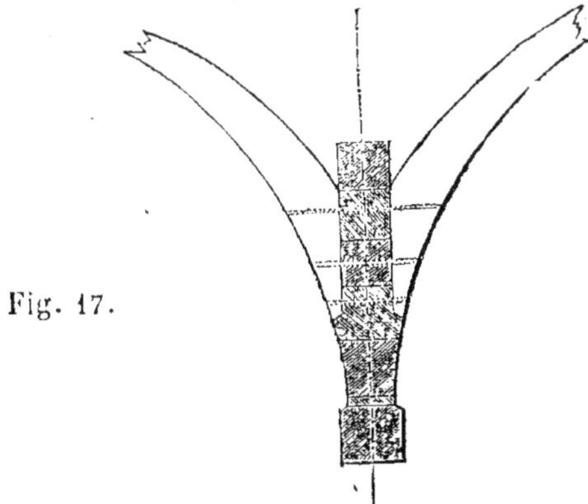

Fig. 17.

gues sans billot; ce système, qui ne saurait convenir

pour de très-grands navires, est bon pour les petits.
Voici en quoi il consiste :

Les varangues sont en deux pièces et leurs deux
moitiés au lieu de se joindre par un billot dans le
plan diamétral, viennent simplement butter sur un
massif central composé de plusieurs pièces longitudinales superposées à la quille.

Les deux branches du couple ne sont reliées que
par le chevillage transversal et par des liaisons intérieures exécutées après l'achèvement du navire.

Nouvelle méthode de boissage.

La méthode de boissage employée actuellement
dans presque tous les chantiers est plus économique
et offre plus de garanties de solidité, tout en dimi-
nuant la longueur du genou et celle de la varangue.

Fig. 18.

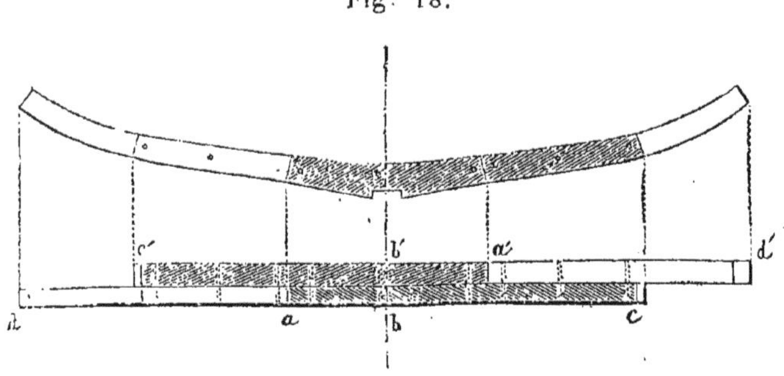

Dans chaque plan, est placée une varangue ou

quartier de varangue *abc a'b'c'* dont les deux branches sont inégales, la longueur du genou est réduite d'une quantité égale à la petite branche du quartier de la varangue *ab a'b'* et la varangue elle-même est diminuée de l'excédant de la grande branche sur la petite *abc ab a'b'c' a'b*.

Les deux branches *bc* et *b'c'* ont en longueur la 1/2 largeur du navire, comme pour la varangue ordinaire, tandis que l'autre *ab* et *a'b'* ne dépassant l'axe que de 1 mètre ou 1^m,50 environ, de manière que les deux quartiers de la varangue se croisent de 2 à 6 mètres, quantité suffisante pour établir entre elles une solide liaison.

Avec de semblables varangues les couples ne sont point symétriques des deux bords opposés du côté de la longue branche de la varangue, on aura première, troisième et cinquième allonges, et du côté de la branche courte on aura deuxième et quatrième allonges.

Quant au deuxième plan, il est composé des mêmes pièces, mais en sens inverse ; enfin, pour compléter ce que nous avons à dire de ce système, nous ajouterons que la section résistante des couples dans le plan diamétral est égal à la somme des sections des deux quartiers de varangue, tandis que suivant

2.

la première méthode, elle était bornée à celle de la varangue seule.

Ce système peut s'appliquer aux varangues acculées et permet d'avoir des varangues croisées dans des endroits où, avec le système ordinaire, il aurait fallu avoir recours à des billots.

Empatures. Leur longueur.

On appelle empatures les quantités dont se croisent deux à deux les pièces de la charpente.

Les empatures des allonges doivent présenter une longueur suffisante pour assurer un bon chevillage, qui consiste en une cheville à l'extrémité de chaque empature et une intermédiaire répartie sur une longueur qui ne devra jamais, pour les grands navires, être moindre de $1^m,50$.

Assemblage des couples de levée.

Les différentes pièces de la membrure étant travaillées, on procède à leur assemblage. Pour cela, l'on choisit un terrain ne présentant pas des irrégularités trop prononcées ; on dispose de distance en distance des traverses destinées à supporter les pièces du premier plan du couple, on met d'abord en place les varangues que l'on cale sur ces supports, puis au moyen d'un cordeau dirigé dans le sens de la varangue, on représente l'axe du couple, le plan du gabariage est ainsi déterminé. La varangue étant de

Fig. 19.

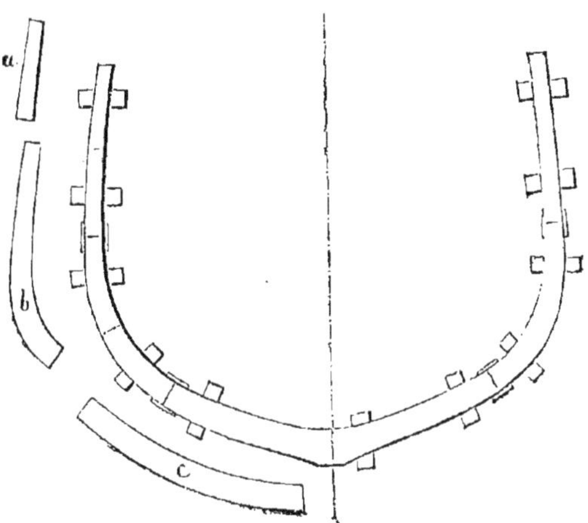

longueur voulue, on place à son extrémité la première allonge, on agit de même pour les autres pièces, et de la sorte on détermine le premier plan du couple. On fixe les différentes allonges à leurs positions respectives à l'aide de tasseaux cloués sur les traverses.

Les pièces du deuxième plan sont travaillées comme les premières, mais avec moins de soins ; pour les assembler on les superpose au premier

plan qui, dans cette circonstance, sert de gabarit, on
les coupe de longueur et on les assujettit à leur position au moyen de liens en cordes appelés bridolles,
fortement unis avec des coins en bois, puis on ter-
mine leurs surfaces tant intérieures qu'extérieures.

Chevillage des couples.

Le couple étant terminé, on procède à son chevillage au moyen de goujons.

Ce que l'on entend par goujon.

On appelle goujon un morceau de fer carré ayant
à une de ses extrémités une tête à peine indiquée,
et l'autre extrémité effilée sur une longueur de 5 à
6 millimètres.

En Portugal et dans quelques pays d'Espagne, on
emploie pour les petits navires, des chevilles en bois
pour remplacer les goujons.

Il devra être employé 4 goujons dans chaque allonge, et cinq dans les genoux du fond ; les goujons
des extrémités des empatures doivent être placés à
20 ou 25 centimètres du bout des pièces, afin que
les bois ne soient pas exposés à fendre. Les trous
des goujons sont percés à la tarrière, leur diamètre
est 1/2 de l'épaisseur des membres sur le droit.

Leur longueur devra être de 2 à 3 centimètres moindre que l'épaisseur totale de la membrure, de manière qu'ils restent enfermés dans le bois sans présenter aucune saillie dans la maille.

Inconvénients du chevillage en fer.

Le chevillage en fer est sujet à de grands inconvénients, en contact avec les bois de chêne, les chevilles en fer sont attaquées par l'acide gallique qu'il renferme et éprouvent, au bout d'un certain temps, une détérioration qui finit par diminuer le diamètre de la cheville ; le chevillage se trouve alors avoir du jeu, et il peut s'ensuivre une déliaison dans la charpente.

En outre de l'acide gallique que renferme le bois de chêne, il faut aussi tenir compte de l'humidité provenant des égouts qui peuvent exister ; cette humidité se fait sentir principalement sur la partie de la cheville qui se trouve à l'intersection des deux pièces de bois assemblées.

Pour obvier à tous ces inconvénients, l'on a imaginé des tampons cylindriques en bois interposés au passage de chaque cheville.

Ces tampons contribuent par eux-mêmes à la solidité des assemblages, et comme ils sont ajustés avec une grande précision, ils préservent la cheville de l'humidité.

Ces tampons doivent être mis en place comme ceux dont il a été question au commencement de l'ouvrage, au sujet des écarts de la quille.

Le diamètre des tampons devra être compris entre le 1/4 et le 1/5 du tour des pièces dans lesquelles ils sont placés, leur hauteur est égale à deux fois le diamètre.

Ce système ne peut avoir lieu avec le système à doubles goujons croisés en usage dans la Méditerranée, mais comme étant plus simple, et n'offrant aucun inconvénient eu égard à l'oxyde, nous croyons que l'on doive lui donner la préférence.

Actuellement, que le galvanisme du fer se fait dans de très-bonnes conditions, et surtout sans l'aigrir, nous croyons qu'en outre des tampons cylindriques, il convient de galvaniser la cheville en fer, de la sorte l'on est sûr d'obtenir un bon chevillage que le temps et l'humidité ne peuvent altérer.

Confection et assemblage des couples dévoyés.

Les couples dévoyés étant situés aux extrémités avant et arrière du navire, dans des parties très-fines, leurs varangues sont nécessairement d'assemblage, ils se trouvent eux-mêmes partagés en deux branches que l'on assemble séparément comme les couples ordinaires ; il n'y a que les billots qui, appartenant à la fois aux deux branches du couple, doivent être travaillés séparément.

Planches d'ouverture.

Les couples, étant assemblés, on les consolide au

Fig. 20.

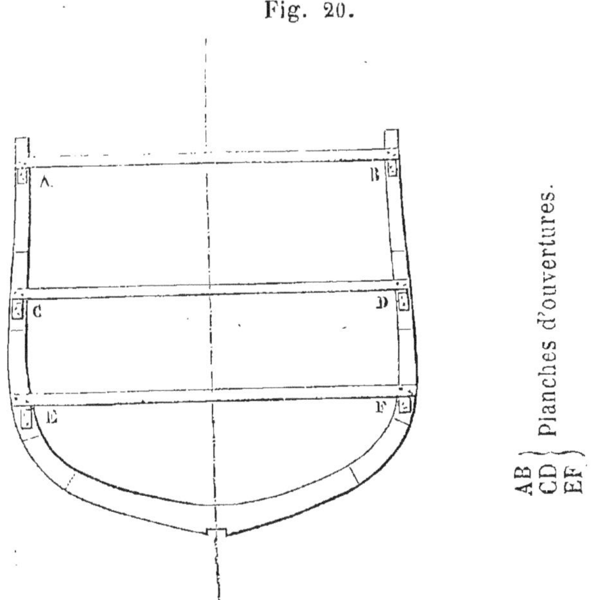

moyen de bordages placés d'une branche à l'autre, on appelle ces bordages planches d'ouverture, on les met pour prévenir les déformations qui pourraient avoir lieu dans le cours de la construction. Le nombre des planches d'ouverture est proportionné à la grandeur du navire, ces planches doivent être conservées jusqu'à la mise en place des baux.

Appareil de levée.

L'appareil de levée se compose de deux mâts verticaux, maintenus dans un plan perpendiculaire au plan diamétral ; au sommet de chacun de ces mâts, sont placés des palans pour la manœuvre des couples.

DEUXIÈME PARTIE

CHAPITRE PREMIER

REVÊTEMENTS INTÉRIEURS.

Mise en place des lisses et des accores.

Les couples étant levés, on les assujettit au moyen des lisses et des accores. Ces lisses et ces accores viennent se substituer aux fleuriaux et aux fausses accores, elles sont de nature à offrir toute garantie de solidité pour un séjour prolongé sur la cale.

Mise en place des lisses.

La mise en place des lisses offre un certain travail, à cause de la courbure prononcée qu'elles doivent avoir, principalement aux extrémités du navire.

On peut, par un travail d'équarrissage, éviter cette grande torsion ; dans ce cas, l'on travaille la surface intérieure de la lisse d'après les équerrages relevés entre la face plane de la lisse et le contour des couples.

De cette manière, on obtient une torsion de moitié moins forte que ce qu'elle eût été, si la lisse n'avait pas été équerrée ; et ne dépassant pas le degré voulu de l'élasticité des fibres ligneuses, elle ne risque pas d'éclater.

Dans les parties droites, les différentes pièces qui composent une même lisse sont simplement ajustées bout à bout et réunies par des gardes clouées par côté ; dans les parties à courbure, elles sont assemblées au moyen d'écarts longs faits sur le tour et renforcées par des gardes courbes clouées à l'intérieur.

Les lisses étant terminées, on les assujettit provisoirement sur les couples au moyen de bridolles raidies par des coins fortement enchassés, le clouage définitif n'a lieu que lorsque la position des couples et la surface du navire sont définitivement arrêtées.

L'application des lisses sur la membrure doit être faite de manière que chaque pièce du couple ait deux points d'appui, lui permettant de se soutenir dans le cas où il ne serait pas chevillé avec la pièce voisine.

Pour que les lisses remplissent bien le but que l'on se propose, elles devront correspondre au milieu des empatures, de la sorte, elles seront réparties à égale distance, ou à peu de chose près.

Mise en place des accores.

Le travail des lisses étant terminé, on mettra en place les accores, dont le nombre pour les grands navires devra être de trois par couple.

La tête de chaque accore doit venir s'appuyer sur la lisse et non sur le couple, l'inclinaison sera de 20 centimètres et la même pour chacun des accores.

Ce que l'on entend par sole.

Les pieds des accores reposeront sur une pièce de bois dur, épaisse de 10 à 12 centimètres, cette pièce de bois est appelée sole, son but est de répartir la charge des accores et d'empêcher le tassement des terrains qui pourrait avoir lieu lorsque le navire arrivant au bout de sa construction, le poids à supporter devient très-considérable, et surtout si l'on a eu, comme cela arrive souvent dans le cours de la construction, à enlever momentanément les supports de la quille.

CHAPITRE II.

Balancement. — Perpignage.

Les lisses et les accores étant en place, on procède à deux opérations de nature à ce que chacun des

couples soient bien dans leurs positions respectives
par rapport au plan diamétral et longitudinal ; ces
opérations auxquelles on donne le nom de balancement et de perpignage, doivent avoir lieu avant l'action du parrage.

En quoi consiste le balancement.

Le balancement consiste à placer exactement l'axe
de chaque couple dans le plan longitudinal.

Précautions à prendre pour opérer le balancement.

Avant de procéder au balancement, on s'assurera
si l'étrave et l'étambot sont bien placés par rapport
à la quille ; pour cela, l'on tendra un cordeau de l'extrémité à l'autre du navire, venant aboutir aux traces
du plan diamétral de l'étrave et de l'étambot, et si,
au moyen d'un fil à plomb, la projection coïncide
avec l'axe longitudinal tracé à la face supérieure de
la quille, c'est que ces deux pièces seront bien dans
leurs positions respectives.

Cela reconnu, on fixe des fils à plomb au milieu
de la planche d'ouverture la plus élevée des couples,
et si ceux-ci sont bien dirigés, les fils à plomb viendront toucher le cordon longitudinal.

Perpignage.

Le perpignage consiste à placer le plan du couple perpendiculairement à la quille et au plan diamétral.

Pour placer le plan du couple perpendiculairement à la quille, on appliquera le gabarit de pente contre la planche d'ouverture la plus élevée, et l'on fera coïncider l'axe du couple avec celle du gabarit.

Fig. 21.

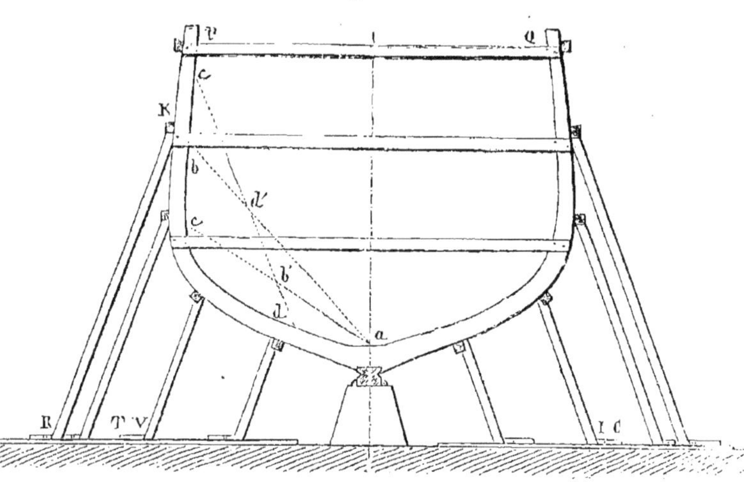

RK Accore.   I C Sole.
TV Sole.   PQ Planche d'ouverture.

Pour placer le plan du couple perpendiculairement au plan diamétral, on le fera tourner autour de son

axe jusqu'à ce que des distances mesurées des extrémités d'une même lisse à un point marqué sur le milieu de la quille soient les mêmes ; cette vérification
se fera à différents points de chaque couple.

On s'assurera enfin si les plans du gabariage n'ont
point subi de déformation ; pour cela, par des points
pris intérieurement sur la membrure on tendra les
cordeaux ab, ac, cd passant par des points arbi-
traires du gabariage. Si ce dernier est resté plan, ces
cordeaux se toucheront en des points a' et b', et le
contour intérieur du couple devra se dégauchir par
le plan qu'ils déterminent.

CHAPITRE III.

Du parage.

Les opérations du balancement et du perpignage
étant terminées l'on s'occupe du parage. A cet effet,
l'on appliquera des règles flexibles que l'on fixera
de distance en distance, et si la surface intérieure a
été bien travaillée, les règles s'appliqueront exactement et ne présenteront aucune saillie ; dans le cas
contraire, l'on enlèvera avec l'herminette les parties

de bois exhubérantes, jusqu'à ce que la règle s'applique exactement.

Cette opération amène à reconnaître tous les défauts que peuvent avoir les bois, si après l'opération du parage il venait à rester de l'aubier ou du bois mort, ces parties malsaines devront être enlevées et remplacées par des cales.

Si le mal était profond et de nature à affaiblir la pièce de bois, il conviendrait alors de la changer

L'on est parfois obligé, dans les pièces courbes, de prendre des bois d'un fort échantillon que l'on diminue jusqu'à ce que l'on ait donné à la pièce la forme voulue, il arrive souvent dans ce cas que le fil du bois se trouve coupé pour forcer sa courbure naturelle, il conviendra donc de ne pas travailler à vive-arête les pièces de la membrure, la présence d'un peu d'aubier sur les arêtes d'une pièce finie, ne doit pas être considérée comme un motif de refus.

Cette présence d'un peu d'aubier démontrera que la pièce a été construite avec une pièce brute de la dimension nécessaire, et de plus que la forme primitive a été conservée.

CHAPITRE IV.

CARLINGUE ET MARSOUINS.

De la Carlingue.

La première pièce des revêtements intérieurs est la carlingue, son lit sera préparé pendant l'action du parage.

Le tableau n° 1 donne les dimensions des carlingues pour des navires de différents tonnages.

Dans le cas où la carlingue n'aurait par les dimensions voulues, on la renforcerait au moyen d'une pièce superposée, ce qui arrive fréquemment pour de grands navires, dans ce cas les pièces qui la composent sont disposées de manière que les abouts dans l'un des plans correspondent au milieu de ceux de l'autre plan.

On emploie avantageusement pour renforts de carlingue des pièces latérales antées sur membrure, chevillées horizontalement avec la carlingue et verticalement avec les varangues ; ces chevilles sont rivées sur viroles extérieurement.

Écarts de la carlingue. — Leur confection.

Les écarts de la carlingue seront à clef ou à crochet avec un étrieu en fer plat, tenu par des chevilles rivées sur la varangue.

Longueur des écarts.

Ces écarts ne doivent pas avoir moins de 1^m,50 à 2 mètres, l'on pourra encore employer avec avantage dans les assemblages des pièces de la carlingue les tampons cylindriques, l'on devra faire bien attention à ce que les écarts ne se trouvent point placés au-dessous des mâts, ainsi qu'au-dessus de ceux de la quille.

Chevillage de la Carlingue.

La carlingue pourra être chevillée de la manière suivante : une cheville à travers la varangue, et un

Fig. 22.

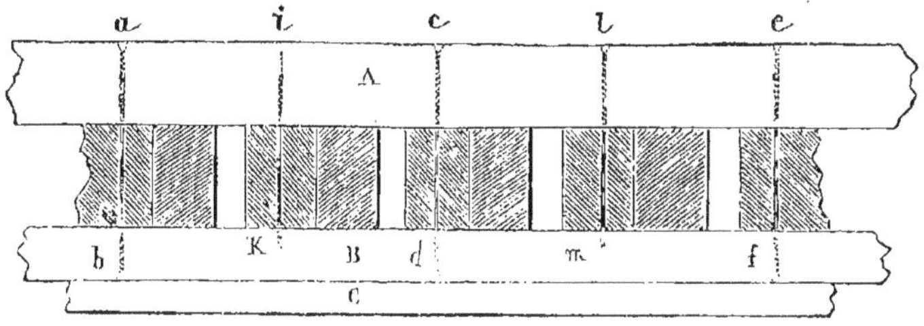

A Carlingue.
B Quille.
C Fausse-quille.

ab Cheville.
IK Bout-perdu.

bout perdu à travers la varangue immédiate ; la cheville devra être en cuivre rivée sur virole extérieurement sur la face inférieure de la quille, le bout perdu sera en fer.

Quelques navires ont leurs carlingues chevillées au moyen de deux chevilles traversant chaque couple, mais dans ce cas elles se trouvent très-rapprochées, et découpent le bois d'une manière fâcheuse.

Marsouins.

On appelle marsouin le prolongement de la carlingue à la partie avant et arrière.

Aux extrémités avant et arrière de la carlingue, on assemble, au moyen d'un écart pratiqué sur le droit, une pièce ayant mêmes dimensions qu'elle. L'encolure, pour la partie avant, viendra reposer sur la contre-étrave et formera ainsi le marsouin de l'avant; pour le marsouin de l'arrière, l'encolure viendra reposer sur le contre-étambot.

L'encolure devra remonter jusqu'à la hauteur de l'entrepont, la partie inférieure sera chevillée sur les billots des couples, la partie haute sera chevillée avec l'étrave et la contre-étrave, les chevilles seront distribuées dans la proportion d'écartement du chevillage de la carlingue.

Dans tous ces divers chevillages, les chevilles devront être introduites par l'intérieur du navire.

CHAPITRE V.

VAIGRES D'EMPATURE.

Ce que l'on entend par vaigres et par vaigres d'empature.

On entend par vaigres le bordé intérieur du navire.

Les vaigres d'empature sont celles qui sont destinées à croiser l'empature de la varangue et de la première allonge, de là, la dénomination de vaigres d'empature.

La carlingue et les marsouins étant en place, on s'occupe d'ajuster les vaigres d'empature qui devront se composer de 4, 6 ou 7 virures suivant le tonnage.

Leur épaisseur sera plus forte que celles des autres virures, et elle devra recevoir une cheville pour le moins de trois en trois couples.

Ces vaigres étant en place, on s'occupe des vaigres de fond, en ayant bien soin de laisser dans toute la longueur du navire, une virure qui puisse s'enlever facilement ; cette virure se trouve ordinairement à toucher la carlingue et s'appelle paraclose.

On l'enlève après les déchargements pour net-

toyer la saleté qui se trouve dans les mailles, elle
sert en même temps pour dégager les anguilliers qui,
quelquefois, peuvent se trouver obstrués.

Des anguilliers.

On appelle anguilliers, des petits canaux à section
triangulaire pratiqués dans chaque varangue, ils sont
destinés à établir une communication entre toutes les
mailles des petits fonds, et permettre à l'eau qui
pourrait y pénétrer, de se rendre aux pompes. On
passe à travers tous les anguilliers une petite chaîne
à laquelle il suffit d'imprimer un mouvement de
va-et-vient dans le sens de la longueur du navire,
pour les dégager des corps étrangers qui pourraient
les obstruer.

CHAPITRE VI.

Des livets, bauquières et serre-bauquières.

Les vaigres d'empature et le vaigrage du fond
contribueront à maintenir les couples inférieurs, on
consolidera les parties supérieures au moyen de
quelques virures de vaigrage.

Les premières qui devront être mises en place
seront les bauquières, elles seront dirigées parallè-

lement au livet du pont dont elles sont destinées à supporter les barrots.

D'après cela, avant de mettre les bauquières en place on tracera le livet, et on ne perdra pas de vue que le tracé du livet ou son contour déterminera l'aspect extérieur du navire, aspect qui fait quelquefois à tort préjuger de ses bonnes ou mauvaises qualités.

Tracé du livet.

Pour tracer le livet, il suffira de mesurer suivant l'axe de chaque couple, et à partir du dessus de quille une hauteur égale au creux correspondant, et de mener par l'extrémité de cette hauteur une honrizontale prolongée jusqu'à la rencontre du gabariage intérieur.

Bauquière.

La bauquière est une pièce destinée à supporter les barrots ; ces derniers s'y engagent du quart de leur hauteur, dans des entailles à queue d'aronde, ce qui contribue à assurer leur position dans le sens longitudinal. Les barrots étant ainsi assemblés, ils maintiennent l'écartement transversal des murailles.

Pour les dimensions des bois et du chevillage, voir tableau n° 1.

Serre-bauquière.

La bauquière est consolidée par une serre-bauquière.

La serre-bauquière se trouve disposée au point de vue de la consolidation de la charpente dans le même sens que la bauquière, elle est de dimension moins forte que cette dernière, et leur effet est puissant lorsque ces deux pièces sont reliées ensemble par des chevilles verticales.

Dans ce cas, l'effet produit par ces deux pièces est proportionnel au carré de leur hauteur totale.

Isolées, leur résistance est proportionnelle à la somme des carrés de leur hauteur individuelle.

Chevillage des bauquières.

Le chevillage des bauquières se fait au moyen d'une cheville sur chaque couple pour les grands navires, la cheville devra être chassée par l'extérieur.

Vaigres de remplissage.

A la suite des serre-bauquières viendront les vaigres de remplissage, elles se termineront aux vaigres d'empature.

Ces vaigres auront les mêmes dimensions que

celles du petit fond ; elles seront maintenues au moyen de chevilles, provenant du bordé extérieur, et venant se river intérieurement sur elles-mêmes.

Au-dessus d'un creux de $3^m,90$, les navires auront une bauquière et une serre-bauquière d'entrepont ; les dimensions de ces pièces seront les mêmes que celles du pont, le chevillage s'effectuera aussi de la même manière ; elles sont destinées à recevoir les barrots d'entrepont, dont la mise en place aura lieu comme pour les barrots du pont.

CHAPITRE VII.

Barrots.

Les bauquières étant en place, on s'occupera des barrots.

Les barrots sont coupés de longueur à l'avance, d'après les mesures prises à bord, à l'emplacement qu'ils doivent occuper, et leurs extrémités sont équerrées suivant l'inclinaison de la muraille avec laquelle ils doivent être en parfait contact.

Dans le cas où une trop grande longueur, ou un trop fort équarrissage ne permettraient pas de le mettre d'une seul pièce, on le mettra d'assemblage ; en ayant soin que l'écart qui doit être pratiqué sur le droit soit égal en longueur au tiers de celle du barrot.

Écartement des Barrots.

L'écartement des barrots devra être autant que possible uniforme, on tâchera que l'écartement ne soit pas de plus de 1ᵐ,50, dans le cas contraire, il conviendrait de mettre des barrotins entre chaque barrot.

On placera des barrotins entre les barrots des écoutilles.

Épontilles.

Les barrots étant mis en place, ils seront soutenus de distance en distance par des épontilles, pour qu'ils ne s'affaissent pas sous leur propre poids, et en même temps ils recevront à chaque extrémité une courbe verticale *fer* ou *bois*, qui tout en maintenant les barrots dans leurs positions ; les empêchera dans les poussées exercées latéralement, d'écarter les murailles.

Les navires ayant un creux de 3ᵐ,90, devront recevoir 4 ou 6 barrots d'entrepont, dont l'écartement ne devra pas être plus de 2ᵐ,30.

Après la mise en place des barrots, on enlèvera les planches d'ouverture dont l'effet alors deviendra nul.

TROISIÈME PARTIE

CHAPITRE PREMIER.

Revêtements extérieurs.

Le vaigrage étant en place, ainsi que les bauquières, serre-bauquières et barrots, on procède au parage extérieur de manière à pouvoir appliquer le bordé.

Parage extérieur.

Le parage extérieur s'effectuera de la même manière que le parage intérieur, seulement, dans ce cas, il se divisera en plusieurs parties, afin de ne pas avoir à enlever les accores et les diverses lisses qui supportent le navire sur chantier.

Une de ces parties étant parée, le bordé sera appliqué, après quoi l'on mettra de nouveau les accores et les lisses, et l'on procédera au parage d'une autre partie et ainsi de suite.

Précautions à prendre pendant le parage.

Pendant l'action du parage, l'on s'appliquera à enlever l'aubier, les nœuds et enfin toutes les défectuosités que pourraient avoir les bois.

Pour pouvoir bien appliquer le bordage, des remplissages seront mis dans les endroits où l'on aura été obligé d'enlever trop de bois dans l'action du parage.

CHAPITRE II.

PRÉCEINTES.

Division du bordé extérieur.

Le bordé extérieur peut être divisé en trois parties.

1° Les virures des préceintes ;

2° Les virures du bordé de diminution ;

3° Le bordé du petit fond.

Les premières virures que l'on mettra en place seront les préceintes ; elles seront parallèles au livet du pont, et prendront naissance au plat-bord. Elles se prolongeront jusqu'à deux virures au-dessous des barrots d'entrepont.

Les préceintes remplissant le même effet que les bauquières et serre-bauquières relativement aux efforts de traction longitudinale, ces bordages devront avoir de plus grandes largeurs et longueurs.

Les bordages venant immédiatement après les préceintes concourent aussi, mais à un degré moindre, aux liaisons longitudinales.

Ces bordages quoique conservant de grandes longueurs, diminuent progressivement sous le rapport de l'épaisseur jusque à atteindre le bordé de la basse carène ou des petits fonds. (Voir pour les dimensions de ces bordages le tableau n° 1.)

L'ormeau est surtout employé pour bordé du petit fond ; ce bois se conserve très-bien dans l'eau.

Répartition des abouts du Bordé.

Les bordages sont placés bout à bout sans écarts, si le navire a dès sabords, on aura le soin de ne placer aucun écart des premières virures des préceintes au-dessous des sabords.

Pour obtenir un bon croisement et par contre une solidité pouvant résister aux efforts de traction longitudinale ; les écarts de bordage seront à une distance de 1^m,60. Dans le cas d'une virure intermédiaire, cette distance pourra être de 1^m,30. Les écarts ne porteront pas sur le même membre à moins de trois virures intermédiaires. La longueur des bordages sera de 7 à 9 mètres, jamais moins de 6 mètres.

Dans le voisinage de la quille il arrive quelquefois que les largeurs notablement réduites deviennent insuffisantes pour obtenir un bon clouage, dans ce cas, on remédiera à cet inconvénient en réunissant deux bordages en un seul, soit en donnant à un seul bordage une largeur double, soit en augmentant chacun des bordages d'une quantité égale, entre lesquelles se trouvera la virure supprimée.

Lorsque les largeurs seront trop considérables, comme cela peut avoir lieu pour l'arrière dans le voisinage de la quille, on les réduira à leur largeur primitive en intercalant entre les virures divergentes des bouts de bordage.

Opération à faire subir aux bordages pour leur donner la courbure voulue.

On se servira de l'étuve pour donner aux bordages la courbe nécessaire ; dans cette opération, ils seront soumis à un contact prolongé avec de la vapeur d'eau à 100°. La limite minimum du séjour à l'étuve sera d'autant d'heures que l'épaisseur de la pièce contient de fois trois centimètres.

Avantages et inconvénients de l'étuve.

Les bois étuvés ont l'avantage d'être entièrement dépouillés de toute leur séve, dont la fermentation pourrait à la longue donner de la pourriture.

Le seul défaut pouvant résulter de cette opération, c'est que les bois imprégnés d'humidité au sortir de l'étuve, se sèchent, leur retrait devient plus considérable, et les joints ouvrent beaucoup.

Conditions que devront remplir les bois étuvés.

Les bois devant être soumis à l'étuve, devront être de fil, exempts de nœuds et autant que possible d'essence maigre.

Pour les pièces courbes d'un fort échantillon, l'on pourra diviser la pièce en plusieurs sections superposées une sur l'autre ; de la sorte, opérant sur de faibles largeurs, chacune de ces pièces au sortir de l'étuve sera plus facile à plier.

Ce que l'on entend par faux-joint.

L'on devra faire bien attention à ce que les bordages soient bien appliqués sur la membrure, et qu'ils soient bien joints de ce côté. Dans le cas où il y aurait faux-joint, c'est-à-dire que les bordages ne seraient bien en contact que le long de leurs arêtes extérieures, l'ouvrier calfat trouvera une résistance aux premières étoupes et ne pourra jamais bien s'assurer de leur compression, d'où il en résultera un mauvais calfatage.

Précautions à prendre pour obtenir un bon calfatage.

Il devra être apporté surtout un grand soin à l'application des écarts de bordages dont le calfatage devra être des plus soignés, ces parties étant soumises à une grande fatigue.

CHAPITRE III.

CHEVILLAGE DU BORDÉ.

Chevillage des bordages des œuvres vives.

Les bordages de la carène (œuvres vives) recevront une cheville rivée à chaque bout, et deux à quatre chevilles rivées dans le corps du bordage, suivant son étendue en longueur.

On mettra, en outre, deux clous à chaque about, et deux clous et deux gournables dans chaque couple qui ne reçoit pas une cheville rivée.

Ce qu'on entend par gournable.

On entend par gournable, une cheville faite de bois dur et exempt d'aubier, plus loin nous donnons les bois les plus propres à ce service.

Les bordages ayant plus de 26 centimètres en largeur, auront un renfort de clous et de chevilles.

Manière d'opérer le chevillage.

Les chevilles de la carène sont chassées par l'extérieur, elles traversent le bordé et la membrure, et sont rivées sur viroles sur le vaigrage.

Les gournables seront comme les chevilles, chassées par l'extérieur et le rivetage sera remplacé par un coinçage opéré sur le vaigrage.

Coinçage des gournables.

Ce coinçage s'opère en fendant la gournable et en introduisant dans cette fente un petit coin en bois, frappé jusqu'à ce qu'il soit rendu à fleur de tête de la gournable.

Le coinçage des gournables augmente leur tenue, et fixe d'une manière solide le vaigrage.

Précautions à prendre pour obtenir de bonnes gournables.

Les gournables devront être tirées en bois de fil, dans de jeunes chênes ou acacias, durs, sans nœuds et francs d'aubier ; on doit ne les employer que bien sèches et bien éprouvées avant de les frapper en place, elles seront fortement croisées d'un bon filet d'étoupe au ras des bordages extérieurs.

Elles seront frappées à demeure, lorsque les bordages auront été à moitié calfatés, afin qu'elles ne fassent point fendre ces bordages.

On peut obtenir un excellent gournablage, en soumettant les gournables à une forte compression avant de les mettre en place ; les gournables comprimées méritent la préférence, leur grosseur pourra être réduite de 2 à 4 millimètres.

Les gabords ne reçoivent point de gournables, ils doivent être chevillés dans tous les couples, et de plus ils seront chevillés verticalement avec la quille de mètre en mètre.

Dimensions des gournables.

La grosseur moyenne des gournables est proportionnée sur l'épaisseur totale des bois qu'elles doivent traverser.

On a :

```
Pour 200 tonneaux . . . . . . . .   22 millim.
    —  300      —      . . . . . .   26   —
    —  400      —      . . . . . . . 29   —
    —  500      —      . . . . . .   31   —
```

et 35 millim. pour un tonnage plus élevé.

Chevillage des préceintes.

Les préceintes étant situées au-dessus de la carène, et par conséquent n'ayant aucun contact avec le doublage, leur chevillage pourra être en fer ou fer galvanisé.

Les préceintes seront chevillées de deux en deux membres dans les navires au-dessous de 200 tonneaux, et dans chaque membre dans les navires d'un tonnage plus élevé.

Précautions à prendre pour obtenir un bon chevillage.

L'expérience a démontré que, dans les chevilles métalliques qui étaient enfoncées dans de bonnes conditions, le frottement de leurs surfaces latérales contre les bois environnants, assurait une tenue égale à leur résistance propre, mais il arrive assez souvent que les chevilles ne sont pas toujours placées dans les conditions propres à assurer ce résultat, aussi, est-ce pour cette raison que la rivure intérieure sur virole est indispensable.

Si la virole tombe en plein bois, on lui donne une largeur égale au demi-diamètre de la cheville ; lorsqu'elle tombe sur un joint du vaigrage, on la remplace par une *jouelle* carrée empiétant de 3 centimètres sur chaque virure.

Les chevilles et les trous qui les reçoivent sont cylindriques, le diamètre des trous devra être moindre que celui des chevilles : la différence de ces deux diamètres est appelé le *hâle* de la cheville, il a été calculé de 2^{mm}. Cette quantité est suffisante pour que, sous l'action de la cheville, le bois ne fende pas, et en même temps pour que la cheville, ne pénétrant pas avec trop de facilité, elle ait plus d'adhérence.

On devra bien faire attention, à ce que le chevillage soit parfaitement étanche ; à cet effet, avant que la cheville ne soit entièrement enfoncée, on garnira la tête d'un filet d'étoupe et on l'enfoncera ainsi à sa place.

Si le chevillage était mal exécuté, il pourrait s'en-suivre un suintement préjudiciable au navire.

Le chevillage en cuivre devra être augmenté de 1/12.

Chevilles à bout perdu.

On appelle chevilles à bout perdu, des chevilles ne traversant pas complétement la membrure, elles devront être employées le moins possible, et les précautions à prendre pour ces chevilles devront être les mêmes que pour les autres chevilles, mais nous croyons qu'il est convenable de ne les employer qu'à la place des clous dans les endroits où il en est fait usage.

Des clous.

Les clous, pour bien remplir leur but, doivent avoir pour longueur minimum trois centimètres en sus du double de l'épaisseur du bordage qu'ils doivent fixer ; pour faciliter leur introduction, on perce un trou de tarrière de petit diamètre sur les deux tiers de leur longueur, la tête devra être entièrement noyée dans l'épaisseur du bordage, et laisser un petit vide qui devra être garni de mastic au minium. Le côté effilé du clou sera dirigé perpendiculairement au fil du bois.

Dans une direction inverse, agissant à la manière d'un coin, il diminuerait la tenue et altérerait le bordage.

CHAPITRE IV.

DU CALFATAGE.

Conditions d'un bon calfatage.

Les conditions d'un bon calfatage sont : 1° que les bordages soient bien joints du côté qui porte sur la membrure.

2° Que l'étoupe soit de 1re qualité et remplisse bien tous les joints sans les traverser entièrement.

3° Que le calfatage soit frappé à force de bras,

à coups de maillet, avec ensemble sur les deux derniers filets d'étoupe, et jusqu'à ce que les coutures soient pleines, à une ou deux lignes près, pour pouvoir bien introduire le mastic ou la brai.

Le calfatage neuf ou premier calfatage des bordages neufs exige un nombre de filets d'étoupe goudronnés proportionné à l'épaisseur des bordages extérieurs ; on observera néanmoins une légère différence entre ceux qui sont constamment dans l'eau, ceux qui sont submergés en totalité ou en partie pendant un temps limité, et ceux qui sont constamment près de l'eau, tels que les œuvres mortes et les planches des ponts et faux-ponts. Le calfatage des planches de pont et faux-pont devra être fait avec le plus grand soin en employant un filet d'étoupe par chaque centimètre et demi d'épaisseur.

Durée d'un bon calfatage.

La durée d'un bon calfatage est calculée de trois ans maximum. Mais le navire, au retour de son premier voyage, fera bien de recourir ses hauts, à cause du jeu qu'ont les bois neufs et qui influe sur le calfatage.

C'est cette même raison qui nous fait croire qu'il

convient mieux au premier voyage de brayer les coutures, que de les mastiquer, car dans le retrait des bois, le mastic fend et casse, ce qui n'a pas lieu avec la brai.

QUATRIÈME PARTIE

CHAPITRE PREMIER.

DES PANNEAUX OU ÉCOUTILLES. — ÉTAMBRAI DES MATS.
DES PONTS, LEUR REVÊTEMFNT.

La charpente des ponts étant terminée, les barrots et les bauquières étant en place, on marquera la disposition des panneaux et les étambrais des mâts.

Entremise des panneaux.

Les panneaux ou écoutilles pratiqués dans les ponts, sont toujours compris de l'arrière à l'avant entre deux barrots, latéralement ils se terminent par des pièces de bois appelées entremises ; l'épaisseur des entremises est proportionnée à l'ouverture des panneaux, la hauteur de l'entremise est généralement le 1/3 de la hauteur du barrot, lorsque les ouvertures sont grandes, elle atteint la moitié de la hauteur du barrot.

Elles reçoivent les barrotins avec lesquels elles se trouvent reliées par des équerres en fer.

Étambrai des mâts. Ce que l'on entend par étambrai.

L'ouverture de forme elliptique qui sert de passage au mât, s'appelle étambrai ; le passage du mât a lieu entre deux barrots consécutifs, entre les deux barrots, l'étambrai sera limité latéralement par des entremises, et dans le sens de la longueur par des coussins.

L'ouverture de l'étambrai sera supérieure au diamètre du mât d'une quantité de 6 à 8 centimètres pour les côtés, et de 12 centimètres pour la partie avant et arrière. Ce qui, après la position définitive du mât, donnera un vide qui devra être comblé par des coins en sapin ajustés avec soin, les entremises des étambrais sont de même dimension que celles des panneaux.

CHAPITRE II.

REVÊTEMENT DES PONTS.

Fourrure de gouttières.

On commencera le revêtement du pont par la fourrure de gouttière : c'est une des pièces les plus importantes en ce sens qu'elle lie la partie appelée communément *les hauts*, elle a en même temps pour but de rattacher la charpente des ponts à la muraille du navire.

Cette pièce est à contour arrondi, une de ses faces devra être appliquée sur les couples, tand s que l'autre recouvrira l'extrémité des barrots avec lesquels elle vient s'ajuster par une entaille à queue d'aronde.

Chevillage des fourrures de gouttières.

Les fourrures de gouttière recevront une cheville sur chaque barrot, et une ou deux chevilles horizontales entre deux barrots selon leur écartement.

Serre-gouttière. Ce que l'on entend par serre-gouttière, son chevillage.

A la fourrure de gouttière vient se joindre un bordage dont l'épaisseur est double de celle du bordé ordinaire, et qui s'assemble à mi-bois dans une entaille rectangulaire de trois centimètres environ de profondeur pratiquée sur toute la largeur du barrot ; ce bordage prend le nom de serre-gouttière, il est traversé de deux en deux barrots par des chevilles rivées sur ces barrots, et il est tenu à la muraille par les chevilles horizontales de la fourrure qui viennent se river sur virole, sur la face latérale intérieure.

Exécution du bordé des ponts.

Le bordé se compose de bordages rectilignes,

dirigés parallèlement à l'axe longitudinal du navire ;
il conviendra de donner à chacun de ces bordages
assez de largeur afin qu'ils soient bien assis, ces largeurs devront être comprises entre le double et les
sept huitièmes des épaisseurs.

Précautions à prendre dans l'application du bordage du pont.

Les bordages une fois débités, il arrive souvent qu'il
sont assez fournis d'aubier, du côté opposé au cœur
de l'arbre, ce dernier devra toujours être situé
à l'extérieur du bordage, et le côté du cœur sera
appliqué sur le barrot, parce que de ce côté il pré-
sente souvent des fentes qui, dans cette position,
n'offrent aucun inconvénient.

Bois à employer pour bordage du pont.

Comme bordage du pont, on devra autant que
possible employer des bois de pin résineux, les bois
durs travaillent beaucoup, sont exposés à se fendre
et à se déjeter.

Le teck devra être entièrement rejeté. Nous avons
connu quelques navires espagnols, construits à
Manille, ayant le pont bordé en teck, obligés de
changer tous leurs bordages au retour de leur pre-

mier voyage, par suite des égouts occasionnés par la nature des bois.

On emploie avec avantage le pin de Dantzick ou de Riga, le pin de la Corse est encore un très-bon bois pour la confection des bordages du pont.

CHAPITRE III.

ÉCARTS ET CLOUAGE.

Système des écarts du bordé du pont.

Les écarts du bordé du pont se font bout à bout comme pour la carène, les écarts doivent tomber sur un barrot ou un barrotin, et l'on devra porter attention à ce qu'ils ne retombent sur la même ligne transversale qu'au moins de quatre en quatre virures.

Clouage du bordé du pont.

Le clouage des bordages du pont se fera au moyen de clous en cuivre, ou en fer zingué, les clous seront enfoncés à coups de masse, de manière à ce que la tête soit entièrement noyée dans le bordage, et laisser un vide qui permette de mettre un tampon en bois tourné s'adaptant parfaitement de manière à n'offrir aucune aspérité. Chaque bordage sera tenu

par deux clous sur chaque barrot, et un clou sur chaque barrotin.

Quelques ponts sont gournablés, mais l'expérience
nous a démontré que ce système était défectueux,
cette manière de faire n'offre pas assez de tenue pour
s'opposer au gondolement des bordages qui, au bout
d'un certain temps, cessent de s'appliquer exactement
sur les barrots.

Lorsque l'on met les bordages en place, ils sont
simplement tirés de largeur, la face supérieure est
restée brute ; après la mise en place de tous les bordages, on exécute un parage général à l'herminette,
après quoi le rabot fait disparaître les quelques petites
irrégularités qui pourraient exister.

CINQUIÈME PARTIE

CHAPITRE PREMIER

LIAISONS. — COURBES. — BARROTS. — ÉPONTILLES
ET GUIRLANDES.

Nécessité du courbage.

Les bauquières, fourrures de gouttières et serre-gouttières assemblées avec les barrots, sont des liaisons insuffisantes pour empêcher toute déformation provenant de la disjonction de la charpente.

Cette disjonction provient des déformations angulaires de la charpente dans les forts mouvements de roulis qu'éprouve le navire ; car, dans ce cas, le navire en tombant sur un côté, une partie de la muraille, s'écarte du plan diamétral, tandis que le côté opposé s'en approche, et réciproquement : d'où il s'ensuit que les angles formés par les barrots avec ces murailles, éprouvent des altérations provenant de l'action de la pesanteur.

Si la charpente était entièrement rigide, ces altérations n'auraient point lieu, et le chevillage du pont, ainsi que celui des pièces de liaison énoncées plus haut, suffiraient pour les combattre. Pour arriver à cette rigidité, l'on a imaginé un système de courbage qui, bien employé, peut empêcher ces déliaisons.

Courbes horizontales.

L'expérience a démontré que les courbes horizontales n'étaient d'aucun secours dans les liaisons transversales, aussi doivent-elles être écartées.

Courbes verticales.

Les courbes verticales placées dans de bonnes conditions ont donné des résultats satisfaisants. Les courbes verticales en bois sont généralement écartées à cause de l'encombrement qui en résulte, et qui peut être nuisible à l'arrimage des marchandises ; elles sont remplacées par des courbes en fer verticales et à oreilles ; les oreilles, peu usitées, sont cependant très-utiles placées à côté du collet, endroit où la courbe se trouve faire la plus grande force, elles l'assujettissent et l'empêchent d'avoir le moindre mouvement.

Avant de travailler la courbe, on devra exécuter un gabarit en bois qui représente le modèle de la courbe en fer ; ce gabarit sera travaillé de manière à s'adapter exactement contre la muraille pour la branche inférieure de la courbe, et exactement sur la face inférieure du barrot pour la branche supérieure, ce gabarit porté à la forge, servira au travail des courbes.

La force principale de la courbe consiste dans son collet, aussi cette partie devra être renforcée, les oreilles latérales seront pratiquées, chacune d'elles recevant une forte cheville.

Précautions à prendre dans le travail des courbes.

Il est utile, pour éviter tous vices de soudure, que le collet de la courbe soit forgé d'une seule pièce avec ses deux oreilles et les amorces servant à réunir les branches, le tout sera soumis à un fort martelage.

Pour obtenir de bonnes liaisons, il devra être mis une courbe verticale au moins de deux en deux barrots.

Les parties qui demandent à être le plus fortement courbées, comme étant celles qui fatiguent le plus dans les gros roulis, sont celles qui se trouvent par le travers des mâts et des panneaux. Dans ces endroits, les courbes conserveront la même épaisseur dans toute leur longueur.

CHAPITRE II.

Barrots d'entrepont ou barres sèches.

Les navires ayant $3^m,70$ à $3^m,90$ de creux, auront des barres sèches qui recevront des courbes dont les branches verticales seront chevillées avec les varangues.

Pour les navires dont le creux sera de $4^m,50$, les barrots d'entrepont n'auront pas plus de $2^m,30$ d'écartement.

Pour les barrots du pont, l'écartement sera de $1^m,20$, cet écartement pourra être plus considérable, mais dans ce cas, pour obtenir de bonnes liaisons, on devra mettre entre chaque barrot des barrotins.

Pour les navires ayant 5 mètres de creux, l'écartement des barrots sera de $1^m,15$ à $2^m,20$, avec un creux de 6 mètres, l'écartement des barrots sera d'un mètre.

Dans les navires ayant plus de cinq mètres de creux, les barres sèches seront par le travers des mâts assez rapprochées pour y établir un étambrai destiné à coincer les mâts.

D'après ce que nous venons de dire, l'écartement des barrots variera selon le creux des navires, et, en

effet, plus le creux sera considérable, et plus les déliaisons seront à craindre, en raison d'une plus
grande fatigue ; aussi, dans ce cas, les barrots de-
vront-ils être plus rapprochés pour arriver à une
plus grande rigidité.

Malgré les courbes verticales, la rigidité désira-
ble n'est pas quelquefois entièrement obtenue ; dans
certains chantiers, en outre des courbes, il est mis
à chaque tête de barrot un *étrieu* en fer prenant le
couple et chacune des branches de l'étrieu venant
cheviller sur les faces latérales du barrot, ce complément de liaisons nous a paru très-utile, aussi
croyons-nous devoir le recommander.

D'autres emploient des courbes horizontales, fer
reliant les deux barrots et les empêchant d'avoir du
mouvement à la suite des gros roulis.

Tous ces divers systèmes ont pour avantage de
supprimer les courbes en bois horizontales qui em-
prisonnent les têtes de barrots, ainsi que la partie de
la membrure sur laquelle elles reposent, les privent
d'air, ce qui peut occasionner la pourriture.

Aussi dans le cas où les courbes en bois horizontales seraient appliquées sur membres, des ventouses
devront être pratiquées dans le plat-bord.

Les courbes en bois doivent être de biais.

CHAPITRE III.

Chevillage des courbes.

Le chevillage des branches verticales des courbes devra être fait avec le plus grand soin, s'il arrivait qu'une des chevilles tombât en maille, il devra être mis un remplissage.

La branche horizontale, c'est-à-dire celle qui repose sur le barrot, devra recevoir au minimum trois chevilles, et cinq à six chevilles la branche verticale.

Ces chevilles seront frappées en dedans et rivées sur les bordages extérieurs. La moitié au moins des chevilles des branches inférieures des courbes des barrots d'entrepont sera rivée sur les bordages extérieurs, l'autre moitié pourra être rivée sur membres

---

CHAPITRE IV.

ÉPONTILLAGE.

But des épontilles.

Au début de la construction, les barrots sont soutenus par de fausses épontilles, qui doivent être fixées à demeure lorsque la construction touche à sa fin.

Le but des épontilles est de soutenir les barrots ; placées convenablement, elles peuvent en outre servir de point d'appui, contribuer à diminuer les déformations angulaires des barrots avec la muraille.

Mise en place des épontilles.

Les épontilles de la cale seront d'un plus faible échantillon que les barrots, elles partiront de la carlingue et viendront aboutir par leur sommet au barrot d'entrepont ; à la suite de cette épontille, viendra l'épontille du barrot du pont, partant du barrot d'entrepont et venant aboutir par son sommet au barrot du pont correspondant

A la suite de voyages où le navire avait beaucoup fatigué, l'on a remarqué par suite des déformations angulaires des barrots avec la muraille, que les pieds ou le sommet des épontilles étaient sortis de leur tenon. Aussi, pour empêcher le mouvement transversal des barrots, il est d'usage de maintenir les pieds et les sommets des épontilles au moyen de bandes de fer formant courbe, les branches horizontales chevillées avec les barrots, et les branches verticales chevillées à l'épontille.

Les épontilles ainsi maintenues, apporteront leur part de liaisons, en opposant une résistance aux mouvements transversaux des barrots.

Hilloire renversée.

Pour les navires construits dans de très-bonnes conditions, il arrive que l'épontille partant de la carlingue vient aboutir par son sommet à une pièce de fort équarrissage reliant entre eux les barrots. Cette pièce prend le nom d'hilloire renversée, elle donne de grandes facilités pour le placement des épontilles, et peut en même temps fournir de puissantes liaisons longitudinales, mais comme par sa position elle fait perdre dans l'arrimage des marchandises une certaine place, elle est supprimée. MM. les armateurs préférant avant tout que leurs navires portent beaucoup, et ne faisant pas ainsi attention que le navire privé de toutes ses liaisons, a une moindre durée.

Épontilles en fer.

Toujours dans le même but d'avoir plus d'emplacement pour le chargement, il est employé des épontilles en fer, mais par le diamètre qu'on leur donne, elles résistent mal aux pressions verticales; elles fléchissent lorsqu'elles ont de trop forts poids à supporter, et perdent ainsi toute leur efficacité.

Emplanture des mâts.

Les pieds des mâts viennent reposer sur les carlingues, encastrés dans une caisse qui prend le nom d'emplanture ; les emplantures peuvent être exécutées

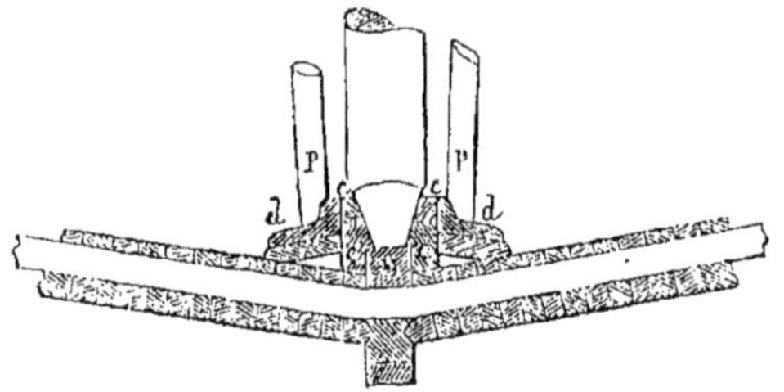

Fig. 23. — Coupe transversale par l'axe du mât.

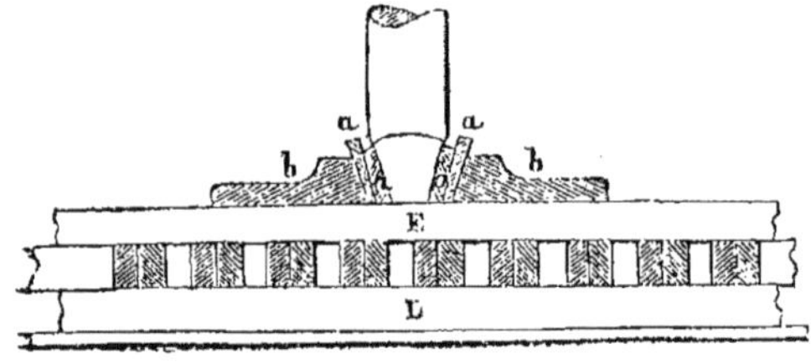

Fig. 24. — Coupe longitudinale par l'axe du mât.

de diverses manières : les dessins que nous donnons représentent diverses emplantures donnant toutes les garanties de solidité.

Fig. 25. — Vue horizontale de l'emplanture du mât.

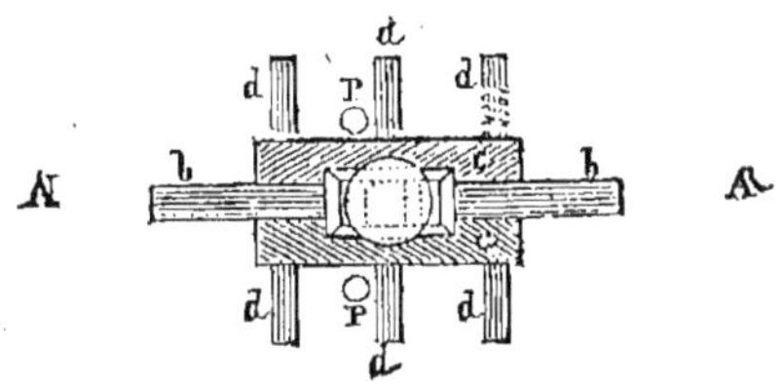

a Coins servant à fixer le pied du mât.
b Taquets cloués sur la carlingue.
c Flasques de l'emplanture du mât.
d Taquets arc-boutant les flasques.
E Carlingue.
P Pompes de cale.

CHAPITRE V.

GUIRLANDES.

Ce que l'on entend par guirlandes, leur utilité.

Dans les fatigues qu'éprouvent les navires, principalement à l'avant, les murailles tendent à se détacher de l'étrave, c'est ce qui est démontré lorsque les navires sont arrivés à un certain âge, par les largeurs des coutures de la rablure, et elles s'écartent d'autant du plan diamétral que les liaisons dans ces parties du navire sont incomplètes.

Pour rendre ces parties de la charpente plus

rigides, l'on croise les membrures par des pièces
transversales appelés guirlandes, dirigées normale-
ment au contour du marsouin et de la contre-
étrave.

Le nombre des guirlandes est en proportion du
tonnage du navire.

Chevillage des guirlandes.

Elles sont fixées à la membrure par des chevilles
passées dans chaque couple, toutes ces chevilles
devront être rivées avec soin et seront chassées par
l'extérieur.

Les guirlandes, par la position qu'elles occupent,
se trouvent avoir un acculement très-prononcé, le
collet est entaillé sur le marsouin ou la contre-étrave,
à cette partie elle recevra une cheville traversant
la guirlande, la contre-étrave et l'étrave.

Les branches latérales devront être assez longues
pour croiser plusieurs membres, elles seront d'un
fort échantillon.

Les conditions tout exceptionnelles que présen-
tent ces pièces de bois, font que, quelquefois, elles sont
difficiles à trouver ; dans ce cas, la guirlande sera
formée d'une pièce courbe entaillée sur le marsouin

ou la contre-étrave, et les bras venant faire tête au dernier barrot, se relieront à la courbe par des écarts à crochet.

Les guirlandes pourront aussi être en fer, le travail de ces guirlandes s'effectuera comme pour celui des courbes, au moyen d'un gabarit en bois qui sera dressé d'après le plan et la forme que l'on veut donner à la guirlande ; c'est sur ce gabarit que la guirlande sera forgée, en ayant soin de donner à la partie du collet qui doit être chevillée avec le marsouin, ou la contre-étrave, une plus forte dimension.

Il devra toujours y avoir une guirlande à bras avant et arrière venant se marier à la ceinture du pont et du faux-pont.

Guirlande de l'arrière.

Dans la partie arrière, les murailles des deux côtés sont liées plus fortement par rapport au plan diamétral, surtout dans la partie voisine de la quille où la muraille forme un massif qui empêche toute déliaison.

La barre d'arcasse et la lisse d'hourdi réunissent aussi les deux moitiés de la charpente et empêchent leur écartement.

La partie faible de l'arrière se trouve être à la

jonction de la voûte et du tableau et les murailles latérales, on renforcera ces parties de la charpente par des pièces qui prennent le nom de courbes d'écusson ou écharpes.

Règles générales.

Les tableaux suivants indiquent : le 1er, les dimensions principales et l'échantillon des pièces de la charpente pour les navires de 100 à 1500 tonneaux. Ces dimensions sont applicables aux bois de chêne, une diminution de 1/8 à 1/10 est accordée pour le bois de chêne de Provence et d'Italie.

Pour le sapin de toute provenance, ces dimensions seront augmentées de 1/5, et pour le pich-pine de 1/8 (*tableau n° 1*).

Le 2e tableau indique le diamètre des chevilles en fer ; on fera bien attention que le diamètre des trous ait 2mm de moins que celui des chevilles.

Le chevillage en cuivre sera augmenté de 1/12.

Le 3e tableau donne les dimensions des courbes en fer.

Le 4e donne le poids des ancres pour navires de 60 à 1500 tonneaux.

Les ancres à jas en bois auront leur poids réduit d'un septième.

Le 5° tableau indique les dimensions et longueurs des chaînes.

Le 6° tableau donne des dimensions pour les mâts et les vergues des trois-mâts et des bricks.

Ces dimensions sont données pour les navires construits suivant le système le plus généralement suivi, dans lequel la longueur prise sur le pont de l'étrave à l'étambot est égale à 4,0 ou 4,5 multiplié par le grand bau de dehors en dehors.

Tableau indiquant le minimum des dimensions des bois pour les navires de 100 à 1500 tonneaux de jauge.

	100	200	300	400	500	600	800	1000	1250	1500
	c. c.	c. c.	c. c.	c. c.	c. c.	c. ,c	c. c.	c. c.	c. c.	c. c.
Quille.	26.23	30.26	33.28	36.32	40.33	42.34	45.36	47.38	50.40	50.42
Étrave	29.23	36.26	38.28	40.32	43.33	44.34	46.36	50.38	52.40	52.42
Étambot	29.23	36.26	38.28	40.32	43.33	44.34	46.36	50.38	52.40	52.42
Varangues	25.20	26.20	28.22	31.24	35.25	36.28	38.28	39.30	40.20	43.30
Membrure à la flottaison	17.16	20.18	22.20	23.21	24.22	25.24	27.25	27.26	27.22	27.27
Membrure au plat-bord	13.13	15.15	15.15	17.17	18.18	19.19	20.20	21.21	22.22	22.22
Carlingue.	34.34	38.38	40.40	43.43	45.45	46.46	48.48	50.50	53.53	55.55
Lisse d'hourdi	25.25	29.29	31.31	33.33	35.35	38.38	41.41	42.42	44.44	45.45
Bauquière, pont et faux-pont	20.20	21.21	23.23	25.25	27.27	28.28	30.30	32.32	34.34	35.35
Serre-bauquière pont et faux-pont	8.25	9.25	10.28	12.28	12.30	12.30	13.30	13.30	14.30	15.30
Fourrure de gouttière	20.20	20.20	22.22	25.55	26.26	27.27	30.30	33.33	36.36	38.38
Barrots de pont.	22.18	23.20	25.20	25.22	28.23	28.24	28.25	28.25	30.25	30.26
Barrots de faux-pont	22.18	28.23	29.24	31.25	32.26	33.27	34.27	35.28	38.32	40.33
Mèche du gouvernail	26.26	28.28	32.32	35.35	37.37	39.39	41.41	43.43	45.45	45.45
Préceintes	8.20	8.20	9.20	12.20	12.20	13.20	14.20	15.20	16.20	18.20
Bouchains	8.20	8.20	9.20	12.20	12.20	12.20	13.20	14.20	15.20	16.20
Gabords	10.20	12.20	13.20	15.20	16.60	18.20	19.20	19.20	20.20	21.20
Bordages jusqu'aux préceintes	6.18	6.18	7.18	8.20	8.20	9.20	10.20	10.20	11.20	11.20
Serres d'empature	8.20	8.20	9.20	12.20	12.20	12.20	13.20	14.20	16.20	18.20
Vaigres du fond	5.16	5.18	6.18	7.18	7.18	8.20	8.20	9.20	10.20	10.20
Vaigres au-dessus de serres d'empat.	5.16	5.18	5.18	6.18	6.18	6.18	7.20	7.20	8.20	9.20
Plat-bord.	7	8	9	11	12	13	13	13	14	15
Serres-gouttières	8.20	9.20	10.20	11.20	12.20	12.20	12.20	13.20	14.20	14.20
Bordages du pont.	6.12	7.12	7.12	8.12	8.12	9.12	9.12	10.12	10.12	10.12
Bordages des faux-ponts	»	»	»	7.14	7.14	7.14	8.14	8.14	8.14	8.14

Pour les sapins de toutes provenances, ces dimensions sont augmentées de 1/5 et pour le pich-pine de 1/8.

Diamètre des chevilles en fer.

TONNAGE.	100 et au-dessous	200	300	400	500	700	1000	1250	1500	
	m/m	m/m	m/m	m/m	m/m	m/m	m/m	m/m	m/m	
Carlingue, courbes / D'étambot, d'étrave. / Guirlandes dans collet.	23	25	27	29	31	33	36	37	39	Chevilles rivées sur viroles ou sur plaques.
Ecarts de quille, bauquières / bras des guirlandes, bouts / des barrots	18	20	20	22	23	25	27	28	30	33 c. de distance entre les chevilles dans les écarts de la quille, bauquières et guirlandes chevillées dans tous les couples.
Fourrures, serre-gouttières, / bouchains, serres-d'empa-tures.	18	18	18	20	20	22	23	25	27	Chevilles rivées en dedans.
Préceintes, extrémités des / branches des courbes.	16	16	16	18	18	19	21	22	23	Chevilles rivées en dedans.
Corps et bouts de bordages	16	16	16	16	18	19	21	22	23	Chevilles rivées en dedans sur viroles.

Le diamètre des trous aura 2 m/m de moins que celui des chevilles, le chevillage en cuivre sera augmenté de 1/12.

Dimensions des courbes en fer pour navires de première division.

JAUGE.	Nombre des courbes.	Largeur diagonale du collet.	ÉPAISSEURS.				Longueur de branche horizontale.	Longueur de branche verticale.	Chevillage.	
			A collet.	A cheville du collet.	Bout de Br. horizontale	Bout de Br. verticale.				
60 à 100	12	80 m/m	70 m	60	15	20	65 c	100 c	18 m	
150	20	80	75	60	»	20	65	100	18	Trois chevilles dans branche horizontale et quatre dans branche verticale.
200	24	80	75	60	»	20	70	100	10-18	
250	28	90	75	60	»	20	70	100	22-20-18	
300	32	90	80	65	»	20	70	100	22-20-18	
400		100	80	70	»	20	70	110	21-22-20	
500	Deux courbes à chaque barrot.	100	80	75	»	20	80	110	24-22-20	Trois chevilles dans branche horizontale et cinq dans branche verticale.
600		100	85	75	»	20	80	120	25-22-20	
700		100	90	75	»	20	85	125	26-23-20	
800		110	90	80	»	20	90	130	26-24-20	
900		110	100	80	»	25	95	135	26-24-20	
1000		120	110	80	»	25	100	140	27-25-22-20	
1250		120	110	80	»	25	100	145	27-25-22-20	Quatre chevilles dans branche horizontale et cinq dans branche verticale.
1500		120	110	80	»	25	100	150	28-26-24-22	
1800		125	115	80	20	25	100	150	30-28-24-22	
2000		125	135	80	20	25	100	160	30-28-25-22	

Tableau du poids des ancres pour navires de 60 à 1500 tonneaux.

60 tonneaux. .	250 kilog.	600 tonneaux .	1,250 kilog.
100 » . .	320 »	700 » .	1,400 »
200 » . .	600 »	800 » .	1,500 »
300 » . .	800 »	1000 » .	1,800 »
400 » . .	900 »	1200 » .	1,900 »
500 » . .	1,100 »	1500 » .	2,000 »

Les ancres à jas en bois auront leur poids réduit d'un 1/7.

Dimensions et longueur des chaînes de 1re qualité et éprouvées.

Tonneaux.	Dimension des chains.	Longueur.
60	22 m/m	125m
100	25	125
200	27	150
300	30	150
400	33	150
500	36	150
600	38	150
700	40	150
800	41	150
1000	45	175
1200	47	175
1500	48	175

Dimensions des mâts et des vergues pour trois-mâts et pour bricks.

DÉSIGNATION.	Longueur	DIAMÈTRE.	TENONS.	
Grand mât	2.23 ✕ B	2/7 pour 1m.10 de long.	1/7 de la longueur.	
Mât de misaine	2.25 ✕ B	id.	Id.	
Mât de beaupré	1.12 ✕ B	Diamètre égal à celui de misaine.		2/3 de la longueur en dehors.
Mât d'artimon	2.02 ✕ B	27 m/m pour 1m 33.	1/8 de la longueur	
Mât de hune	1.25 ✕ B	27 m/m pour 1m.00.	1/7 Id.	
Mât de per. de fougue	0.85 ✕ B	Id.		
Mât de perroquet	0.66 ✕ B	Id.		
Bâton de foc	1.00 ✕ B	1/2 du diamètre de beaupré.		2/3 de la long. en dehors du beaupré.
Grande vergue	0.500 ✕ L	27 m/m pour 1m.33.	1/9 de la long. p.2 tenons	
Vergues de misaine	0.500 ✕ L	Id.	1/9 Id.	
Vergue sèche	0.375 ✕ L	Id.	1/9 Id.	
Vergue de hune	0.375 ✕ L	Id.	1/7 Id.	
Vergue de per. de fougue	0.305 ✕ L	Id.	1/7 Id.	
Vergues des perroquets	0.250 ✕ L	Id.	1/8 Id.	
Royaux	0.135 ✕ L	27 m/m pour 1m.50.	1/10 Id.	
Guy		27 m/m pour 1m.33		
Corne	2/3 du guy	27 m/m pour 1m.15.		1/3 en dehors.

Nota. — B est le grand bau de dehors en dehors, L est la longueur prise sur le pont de l'étrave à l'étambot.

Ces dimensions sont données pour les navires construits suivant le système le plus généralement suivi dans lequel L = 4,0 à 4,5 ✕ B.

Fig. 26.

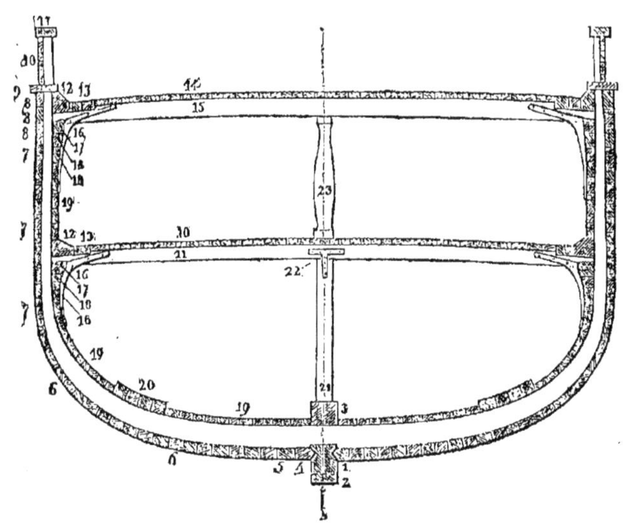

1 Quille.
2 Fausse-quille.
3 Carlingue.
4 Galbord.
5 Ribord.
6 Bordages de fond ou de point.
7 Bordages de diminution.
8 Préceintes.
9 Plat bord.
10 Parois.
11 Lisse d'appui.
12 Fourrures de gouttière.
13 Gouttières.
14 Bordages du pont.
15 Raux ou barrots.
16 Courbes en fer.
17 Bauquières.
18 Sous-bauquières.
19 Vaigres.
20 Vaigres d'empature.
21 Épontille de la cale.
22 Courbe en fer reliant cette épontille au barrot.
23 Épontille tournée.

BIBLIOGRAPHIE DU MARIN

EXTRAIT DU CATALOGUE DE LA LIBRAIRIE LACROIX

Paris, 54, rue des Saints-Pères

Annales du Génie civil, et recueil de mémoires sur les
mathématiques pures et appliquées, les ponts et chaussées, les routes et chemins de fer, les constructions et
la navigation maritime et fluviale, l'architecture, les
mines, la métallurgie, la chimie, la physique, les arts
mécaniques, l'économie industrielle, le génie rural ;
revue descriptive de l'industrie française et étrangère,
publiée par une réunion d'ingénieurs, d'architectes, de
professeurs et d'anciens élèves de l'École centrale et des
Écoles d'arts et métiers, avec le concours d'ingénieurs
et de savants étrangers.

Les Annales du Génie civil paraissent mensuellement
depuis le 1er janvier 1862, par brochures de 5 feuilles
gr. in-8, avec figures dans le texte et 4 pl. gr. in-4°.

Prix de l'abonnement, 20 fr. par an. — Les numéros
séparés, 4 francs. Les années écoulées prises séparément,   25 fr.

AULAGNIER (F.). **Études pratiques sur la navigation du
centre**, de l'est et du nord de la France, et des principales voies navigables de la Belgique, et Complément
d'Études pratiques sur la navigation intérieure et rap-
prochement entre canaux et chemins de fer français,
anglais et belges. 2 vol. in-4, ensemble 261 p. et plusieurs tableaux , avec 2 cartes.   20 fr.

BEAU DE ROCHAS, ingénieur. **Nouvelles recherches** sur
les conditions pratiques de plus grande utilisation de la
chaleur et, en général, de la **force motrice**, avec appli-

cation au chemin de fer et à la navigation. In-4, 55 p.
lithographiées, petit texte compacte.   6 fr.

— **De la traction des bateaux,** fondée sur le principe
d'adhérence avec application : 1° au halage par la vapeur sur les canaux et rivières canalisées; 2° au halage par l'action du courant et au passage des ra-
pides, etc. Ouvrage accompagné de 5 pl. et d'une carte
du littoral des Bouches-du-Rhône à Marseille. In-4,
40 p. lithographiées, petit texte compacte.   15 fr.

Bionne (Henry), lieutenant de vaisseau. La question du
percement de l'isthme de Panama devant un congrès
international. In-8, 16 p. et 1 carte.   1 fr.

Bouniceau, ancien élève de l'École polytechnique. **Études
sur la navigation des rivières à marées et la con-
quête des lais et relais de leurs embouchures.** Un
vol. in-8, 304 p.   7 fr. 50

Bréart, capitaine de frégate, ayant commandé la corvette
d'instruction des élèves de l'École navale Impériale pendant les années 1858, 1859, 1860. **Manuel du gréement
et de la manœuvre des bâtiments à voiles et à vapeur,** formant, avec un Appendice relatif au canonnage,
le complet des matières exigées pour l'obtention du bre-
vet de capitaine au long cours et de maître au cabotage.
Ouvrage approuvé par S. E. le Ministre de la marine et
rédigé conformément au programme adopté. Un vol.
gr. in-8, 447 p. avec atlas.   10 fr.

Campaignac (A.). **De l'état de la navigation par la vapeur, et des améliorations dont les navires et appareils marins sont susceptibles,** publié sous les aus-
pices du Ministre de la marine. Un vol. in-4, 335 p. et
5 pl.   26 fr.

Carnet de l'ingénieur, recueil de tables, de formules et
de renseignements usuels et pratiques sur les sciences
appliquées à l'industrie, chimie, physique, mécanique,
machine à vapeur, hydraulique, résistances et frotte-
ments, etc., à l'usage des ingénieurs-constructeurs, des
architectes, des chefs d'usines industrielles, des méca-
niciens, des directeurs et conducteurs de travaux, des
agents-voyers, des manufacturiers et des industriels,
etc., publié par les rédacteurs des **Annales du Génie
civil**, avec la collaboration d'ingénieurs et de savants
français et étrangers.

Ce Carnet, toujours tenu au courant des progrès de la
science, forme un volume d'environ 300 p. in-12.   3 fr.
Cartonné.   4 fr.
En portefeuille.   6 fr.

Carnet du mécanicien de la marine impériale et de celle
du commerce. Recueil de tables, de formules, de renseignements usuels et pratiques, par M. Ortolan, mécanicien principal de la marine impériale, professeur à
l'École navale impériale, etc. 1 vol. in-18, d'environ
150 pages, relié en portefeuille avec poches, porte-
crayon, etc.   5 fr.

Castor (A.), entrepreneurs de travaux publics. **Recueils
d'appareils à vapeur** employés aux travaux de **navigation et de chemins de fer**; précédés d'un rapport sur
les travaux de fondation du pont du Rhin, par M. Baude,
inspecteur général des ponts et chaussées. Gr. in-8,
XII-127 p. et atlas in-folio.   40 fr.

Cavelier de Cuverville, lieutenant de vaisseau. **Cours
de tir**. Études théoriques et pratiques sur les armes
portatives à l'usage de MM. les officiers qui n'ont pu
suivre les cours de l'école normale de tir de Vincennes.

Développement des leçons professées à l'École navale.
In-8, 754 p., figures sur bois et 16 pl.   15 fr.
Publié avec l'autorisation de M. le Minisrre de la marine et des
colonies.

CHARPENTIER (F.-E.-A.). **Essai sur le matériel de l'artillerie de nos navires de guerre.** Un vol. in-8, 475 p.
                                                  6 fr.

CORMIBERT, colorel d'artillerie de marine. **Guide du canon-
nier marin**, ou Manuel de l'artilleur à bord des vais-
seaux de l'État. Un vol. in-8, relié.   15 fr.

COUSINERY, ingénieur en chef des ponts et chaussées. **Essai
d'un programme d'expériences applicables au propulseur hélicoïde**, exclusivement envisagé sous le
rapport des formes diverses qu'il importe de comparer
entre elles. Brochure in-8, 31 p. et 1 pl.   1 fr. 50

DELAMARCHE (A.). **Éléments de télégraphie sous-marine.**
In-8, 83 pages.   2 fr.

DUBOIS. **Le nouveau Cosmos,** revue astronomique pour
l'année 1862. Un vol. in-18 jésus, 111 p.   2 fr.

DUCHESNE (A.). **Du domaine public maritime,** à l'usage
des administrateurs de la marine et des propriétaires
riverains. Un vol. in-8, 130 p.   5 fr.

— **Manuel** commercial et administratif du capitaine au
long cours, ou Recueil complet et raisonné de tous les
documents officiels concernant les droits, devoirs et
obligations de ces officiers dans leurs rapports avec les
armateurs et les autorités, etc. Un vol. in 8, 628 pages.
                                                  7 fr. 50

GRANGEZ. **Traité de la perception des droits de navigation** et de péage sur les fleuves, rivières et canaux na-

vigables ou flottables en trains, appartenant à l'État ou
concédés, etc. Un vol. in-8, 476 p., et supplément,
56 pages.   6 fr.

GUÉRARD. **La marine à vapeur dans une guerre maritime.** Brochure in-8 de 63 p.   1 fr. 25

HOLM. **Guide pratique** pour l'application du propulseur
à turbine héliçoïde aux navires et aux bateaux de rivières et de canaux. Broch. in-4.   4 fr.

JOUFFROY (A. DE), ancien ingénieur de la marine. **Des bateaux à vapeur.** Précis historique de leur invention,
essai sur la théorie de leur mouvement, et description
d'un appareil palmipède applicable à tous les navires.
Un vol. in-8, 135 p. et pl.   4 fr.

LÉLIÈVRE ET BONNIFAY. **Traité complet de la mâture et
de la voilure.** In-8, 443 p. et atlas in-4 de 18 pl.   20 fr.

LESNARD. **Navigation à la vapeur.** Description d'un nouveau système de rames verticales pour remplacer les
roues à aubes des bâtiments à vapeur, et analyse mathé-
mathique et raisonnée de ces deux modes de locomotion
d'après les dessins d'une frégate de 56 canons. In-4,
24 p. et 1 pl.   2 fr. 50

MARESTIER. **Mémoire sur les bateaux à vapeur des États-
Unis d'Amérique. In-4, 290 p. et atlas in-folio de 17 pl.
                                                            30 fr.

Imprimerie Polytechnique de E. LACROIX, à Saint-Nicolas-du-Port.

www.ingramcontent.com/pod-product-compliance
Ingram Content Group UK Ltd.
Pitfield, Milton Keynes, MK11 3LW, UK
UKHW020008100726
13658UKWH00002B/862